# La Doctrine faite chair

# La Doctrine faite chair

## La foi et la grammaire de l'amour

sous la supervision de
### K. Steve McCormick

*Les Essentiels Théologiques*

Library of Congress Cataloging-in-Publication Data Données de catalogage avant publication de la Bibliothèque du Congrès

K. Steve McCormick  (créateur).
[Doctrine Made Flesh: Faith and the Grammar of Love/ K. Steve McCormick]
La Doctrine faite chair : la foi et la grammaire de l'amour/ K. Steve McCormick
143 + xvi pp. cm. 12.7 x 20.32 (avec bibliographie)

ISBN 979-8-89731-971-8 (Print)
ISBN 979-8-89731-187-3 (Ebook)
ISBN 979-8-89731-197-2 (Kindle)
    1. Théologie doctrinale
    2. Foi — Christianisme
    3. Amour — Aspects religieux — Christianisme
BT750 .M36 .x14 2025

*Ce livre est disponible dans d'autres langues à www.DTLPress.com*

Image de couverture : "La Nouvelle Création" a été réalisée par K. Steve McCormick, à l'aide de l'intelligence artificielle (IA).

## En gratitude

Je rends grâce pour l'énergie de l'amour infini et vulnérable de Dieu qui m'a gardé sur le chemin qui commence en Dieu et qui ne cesse de revenir à Dieu.

Je suis inexprimablement reconnaissant pour l'attachement de l'Esprit, pour ma vision de beauté, Tricia, mon âme sœur et ma meilleure amie. Son amour a été comme le doux baiser des papillons, adoucissant mon regard et accordant mon cœur. Sa voix a été semblable au chant des colibris libérés dans le jardin à chaque battement de leurs ailes ; elle m'a offert une mélodie de grâce, à la fois farouche et fragile, fidèle et libre.

Elle a maintenu mes pieds sur la terre lorsque ma voix s'élevait dans le feu. Elle a sauvé ce témoin de la vérité plus d'une fois des blessures de ceux qui craignaient ce qu'ils ne pouvaient voir. Son amour continue encore à m'affermir.

Et à mes étudiants, passés et futurs, qui m'ont enseigné bien davantage que je n'aurais jamais pu leur enseigner : merci de m'avoir révélé le visage de Dieu dans vos questions, votre émerveillement, votre courage et votre espérance. Vous êtes le chant de la Nouvelle Création qui prend chair.

# Table des matières

# Préface de la série

L'intelligence artificielle (IA) bouleverse tout, y compris la recherche et l'enseignement théologiques. Cette série, "Les Essentiels théologiques", vise à exploiter le potentiel créatif de l'IA dans le domaine de l'enseignement théologique. Dans le modèle traditionnel, un chercheur maîtrisant à la fois le discours académique et un enseignement réussi passait plusieurs mois, voire plusieurs années, à rédiger, réviser et réécrire un texte d'introduction, qui était ensuite transmis à un éditeur qui investissait également des mois, voire des années, dans la production. Même si le produit final était généralement assez prévisible, ce processus lent et coûteux a fait exploser le prix des manuels. En conséquence, les étudiants des pays développés ont payé ces livres plus cher qu'ils n'auraient dû, tandis que ceux des pays en développement n'y ont généralement pas eu accès (au coût prohibitif) jusqu'à ce qu'ils soient jetés ou donnés des décennies plus tard. Dans les générations précédentes, le besoin d'assurance qualité – sous forme de génération de contenu, de révision par des experts, de révision et de temps d'impression – a peut-être rendu inévitable cette approche lente, coûteuse et exclusive. Cependant, l'IA bouleverse tout.

Cette série est très différente; Il est créé par l'IA. La couverture de chaque volume indique que l'œuvre a été "créée sous la supervision" d'un expert du domaine. Cependant, cette personne n'est pas un auteur au sens traditionnel du terme. Le créateur de chaque volume a été formé par l'équipe de DTL à l'utilisation de l'IA et l'a utilisée pour créer, éditer, réviser et recréer le texte que vous voyez. Ce processus de création étant clairement défini, permettez-moi d'expliquer les objectifs de cette série.

**Nos objectifs:**

*Crédibilité:* Bien que l'IA ait fait – et continue de faire – d'énormes progrès ces dernières années, aucune IA non supervisée ne peut créer un texte de niveau universitaire ou de séminaire véritablement fiable ou pleinement crédible. Les limites du contenu généré par l'IA proviennent parfois des limites du contenu lui-même (l'ensemble d'entraînement peut être inadéquat), mais le plus souvent, l'insatisfaction des utilisateurs à l'égard du contenu généré par l'IA provient d'erreurs humaines liées à une mauvaise conception des messages. Les Presses DTL ont cherché à surmonter ces deux problèmes en recrutant des chercheurs reconnus, dotés d'une expertise largement reconnue, pour créer des ouvrages dans leurs domaines d'expertise et en formant ces chercheurs et experts à la conception des messages IA. Pour être clair, le chercheur dont le nom apparaît sur la couverture de cet ouvrage a créé ce volume: il l'a généré, lu, régénéré, relu et révisé. Bien que l'œuvre ait été générée (à des degrés divers) par l'IA, les noms de nos créateurs scientifiques figurent sur la couverture, garantissant ainsi la crédibilité de son contenu, comparable à celle de tout travail d'introduction que ce chercheur/créateur aurait rédigé selon le modèle traditionnel.

*Stabilité:* L'intelligence artificielle est générative, ce qui signifie que chaque réponse à une requête est créée de manière unique pour cette demande spécifique. Aucune réponse générée par l'IA n'est exactement identique à une autre. Cette variabilité inévitable des réponses de l'IA représente un défi pédagogique majeur pour les professeurs et les étudiants qui souhaitent entamer leurs discussions et analyses à partir d'un ensemble commun d'idées. Les institutions éducatives ont besoin de textes stables afin d'éviter un chaos pédagogique. Ces livres offrent ce texte stable à partir duquel enseigner, discuter et approfondir les idées.

*Accessibilité financière:* Les Presses DTL adhèrent à l'idée que l'accessibilité financière ne devrait pas être un obstacle à la connaissance. Chacun a le même droit de savoir et de comprendre. Par conséquent, les versions numériques de tous les ouvrages des Presses DTL sont disponibles gratuitement dans les bibliothèques DTL, et les versions imprimées sont disponibles moyennant un prix modique.

Nous remercions nos chercheurs/ créateurs pour leur volonté de renoncer aux accords traditionnels de redevances. (Nos créateurs sont rémunérés pour leur travail génératif, mais ne perçoivent pas de droits d'auteur au sens traditionnel du terme.)

*Accessibilité:* Les éditions DTL souhaitent mettre à disposition de tous, partout dans le monde, des manuels d'introduction de haute qualité et à faible coût. Les ouvrages de cette collection sont immédiatement disponibles en plusieurs langues. Les éditions DTL réaliseront des traductions dans d'autres langues sur demande. Les traductions sont, bien entendu, générées par l'IA.

**Nos limites reconnues:**

Certains lecteurs pourraient objecter: "Mais l'IA ne peut produire que du savoir dérivé ; elle ne peut pas créer de la recherche originale et innovante." Cette critique est, en grande partie, fondée. L'IA excelle dans l'agrégation, l'organisation et la reformulation d'idées préexistantes, bien qu'elle puisse parfois accélérer et affiner la production de nouvelles recherches. Toutefois, tout en reconnaissant cette limite inhérente, DTL Press souligne deux points: (1) Les textes introductifs n'ont généralement pas pour vocation d'être révolutionnaires dans leur contenu. (2) DTL Press dispose d'autres collections dédiées à la publication d'ouvrages de recherche originale, rédigés selon un processus traditionnel.

**Notre invitation:**

DTL Press aspire à transformer en profondeur l'édition académique en théologie afin de rendre le savoir plus accessible et plus abordable de deux manières:

En générant des manuels introductifs couvrant l'ensemble des disciplines théologiques, afin qu'aucun étudiant ne soit jamais contraint d'acheter un manuel dans une langue donnée. Nous espérons que les enseignants, où qu'ils soient, puissent utiliser un ou plusieurs ouvrages de cette série comme supports pédagogiques dans leurs cours.

En publiant également des monographies académiques, rédigées de manière traditionnelle, et mises à disposition en libre accès pour un lectorat universitaire avancé.

Enfin, DTL Press est non confessionnelle et publiera des ouvrages dans tous les domaines des études religieuses. Les monographies traditionnelles sont évaluées par des pairs, tandis que la création des livres introductifs générés par IA est ouverte à tout expert disposant des compétences requises pour superviser le contenu dans son champ disciplinaire. Si vous partagez notre engagement envers la crédibilité, l'accessibilité financière et l'accessibilité universelle, nous vous invitons à rejoindre notre initiative et à contribuer à cette série ou à une autre collection plus traditionnelle. Ensemble, nous pouvons révolutionner l'édition académique en théologie.

Avec nos plus hautes attentes,
Thomas E. Phillips
Directeur exécutif de DTL Press
*www.DTLPress.com*
*www.thedtl.org*

# Préface de l'Auteur

## La parabole de l'amour: Interpréter l'icône de *Doctrine Made Flesh*

La couverture de ce livre est plus qu'un simple dessin — c'est une vision. Inspirée du titre *Doctrine Made Flesh: Faith and the Grammar of Love*, l'image propose une icône théologique, un signe visible de la grâce invisible de Dieu qui anime l'ensemble de cet ouvrage. C'est une homélie visuelle façonnée par la métaphore des "deux mains de Dieu" de saint Irénée — le Christ et l'Esprit — qui nous guident sur le long chemin lumineux qui part du Créateur et retourne au Créateur. C'est le chemin de la foi. C'est la voie de l'amour. C'est la trajectoire de la création et de la nouvelle création tissées ensemble dans le même arc du désir divin.

Au centre de l'image se tient le Christ, le Verbe fait chair, en qui toutes choses subsistent. Par l'Esprit — "Celle qui est", le Souffle de vie — ce même Verbe qui, autrefois, appela le cosmos à l'existence, prend désormais chair, devenant la seconde incarnation de Dieu. La création fut la première incarnation : le Verbe sortant en amour, façonnant le monde à travers la sagesse inscrite dans le tissu de l'univers. L'Esprit planait, respirait, appelait, et respire encore — liant toutes choses dans l'amour. Par les "deux mains de Dieu", la création est venue à l'existence, et par elles elle est à nouveau rassemblée vers sa demeure en Dieu.

L'hymne aux Colossiens (1,15–20) chante le mystère qui se trouve au cœur de cette icône : que toutes choses — visibles et invisibles, matérielles et spirituelles — ont été créées par le Christ et pour le Christ. Qu'en Christ, tout subsiste. Que dans le sang de la croix, Dieu réconcilie tout avec lui-même. Suivant cette icône, l'arbre de vie est toujours planté le long de ce chemin — enraciné dans la terre et pourtant transfiguré par la gloire. Même les signes modestes de la joie évolutive — tel le rare cardinal non-binaire niché dans le jardin — murmurent la vérité que l'avenir de Dieu ne connaît ni limite, ni exclusion, ni dichotomie figée. Tous sont emportés dans la danse et le chant toujours plus vastes de la nouvelle création.

Ce livre est un livre sur la foi — non pas une foi réduite à l'assentiment crédo, mais la foi comme confiance en Celui qui est infiniment digne de confiance. C'est un livre sur la doctrine — non comme un instrument de contrôle ecclésial, mais comme la grammaire de l'amour de Dieu, façonnée par l'Esprit qui a soufflé la création dans l'existence et qui a relevé le Christ d'entre les morts. C'est un livre sur l'Église, non comme une institution, mais comme l'épiphanie vivante et respirante de l'amour de Dieu, appelée à incarner la bonne nouvelle pour toute la création : que le monde retourne vers le Dieu qui l'a fait surgir par sa Parole.

Cette vision fait écho au témoignage ancien d'Irénée, dont la théologie de la création et de la nouvelle création se trouve au cœur de ce livre. Contre l'impulsion gnostique qui voulait séparer le Créateur de la création, il rend témoignage de leur union indissoluble — une union non pas simplement voulue, mais tissée dans l'être même. Ce n'est pas un lien contractuel, mais une communion ontologique : Dieu est amour infini, éternellement vulnérable, toujours donateur. La création, dès son premier souffle, palpite de la joie de l'amour du Créateur — chaque créature tremble du souvenir et de la promesse de la joie divine. Il n'y a pas de chemin vers Dieu qui contourne la création, car c'est ici — dans la terre et le chant, dans le souffle et le corps — que demeure l'amour du Créateur. Par la sagesse et l'énergie de cet amour, la création est rassemblée, guérie et transfigurée. L'avenir de Dieu et l'avenir de tout ce qui est ne sont pas parallèles mais entrelacés — entraînés ensemble dans le travail patient de l'Esprit vers la nouvelle création. Le commencement est confié à la fin, et la fin est déjà vivante dans le commencement. C'est cela, la grammaire de l'amour — le langage de la foi qui s'écoule avec la trame de l'univers, car l'amour infini et vulnérable de Dieu n'est jamais absent, toujours plus proche que le souffle, toujours en train d'attirer toutes choses vers leur accomplissement radieux dans le Christ.

## Le paradoxe du retour de l'amour

Voici le paradoxe : l'amour infini et vulnérable de Dieu, lorsqu'il est projeté dans le cosmos, ne diminue pas en se dispersant, mais s'élargit en ampleur, en portée, en puissance de rassemblement et en jaillissement créatif. Ce qui jaillit du cœur de Dieu n'est pas envoyé simplement pour "revenir" — il est envoyé pour créer et rassembler en chemin. Parce que ce qui est jeté au dehors est l'amour infini et vulnérable, il attire tout ce qu'il touche — chaque créature déjà appartenant au Créateur — dans son arc en expansion. Le retour n'est pas répétition, mais accomplissement. La création entière est entraînée dans ce retour aimant, non pas seulement en écho de l'origine, mais en accomplissement de la promesse du Créateur : la promesse de la nouvelle création. Ce n'est pas un circuit fermé ou un scénario achevé, mais une parabole ouverte — qui s'élargit, rassemble, glorifie et co-crée en revenant, portant toutes choses vers la demeure de Celui qui les a d'abord jetées dans la confiance vulnérable.

Et dans ce retour, quelque chose d'encore plus étonnant se produit : le premier émerveillement du Créateur sur la création — chanté dans la joie et proclamé dans l'amour — n'est pas simplement rappelé, mais magnifié au-delà de toute mesure. Car tout ce qui a été rassemblé n'appartenait pas seulement au Créateur, mais a participé à la joie, à la gloire et à la liberté créatrice de l'amour divin. Ce qui a été lancé dans la confiance infinie et vulnérable revient portant le don de la réponse de la création — la foi, la louange, l'émerveillement et la communion, certes — mais aussi son propre élargissement créatif de l'amour infini. Ici, le paradoxe s'approfondit : l'amour infini, par nature sans frontière, est aussi infiniment vulnérable — ouvert à la surprise, au risque et à la transformation, non seulement dans sa relation à la création, mais au sein de la vie de Dieu elle-même. Non seulement dans la manière dont Dieu nous rejoint, mais dans l'être même de Dieu — l'Amour infini et vulnérable — toujours en expansion, toujours en ouverture, toujours en réponse et en communion avec la création que Dieu aime. Ce n'est pas une compromission de la nature divine ; c'en est l'expression la plus plénière. Car Celui qui a projeté l'amour infini dans l'espace fini s'est irrévocablement lié à tout ce qui est, de sorte que ce qui revient de la création non seulement magnifie la création mais participe au devenir incessant de la joie et de l'amour de Dieu. Tel est le mystère de l'amour infini et vulnérable : l'être de Dieu n'a pas de limites, et la confiance vulnérable et interminable qui est l'amour de Dieu en fait la preuve. Ce n'est pas une contradiction, mais un mystère. Une impossibilité sacrée rendue possible par Celui dont la nature est d'aimer sans réserve et de faire confiance sans limite.

Suivre le Christ, c'est faire confiance comme le Christ a fait confiance à l'Esprit. Vivre par la foi, c'est participer à la foi même du Christ — une foi qui n'est rien de moins que l'abandon total de l'amour à la promesse du Créateur. L'Esprit qui a rempli le Christ nous remplit maintenant. L'énergie de ce même amour — le souffle qui a enfanté les galaxies, qui a animé le jardin, et qui a relevé le Christ du tombeau — c'est cela qui chante dans nos âmes.

Allez donc dans le monde. Faites de la musique avec vos amis. Laissez vos amitiés étirer la parabole de l'immense amour de Dieu. Laissez les lucioles de votre imagination réjouir le Créateur. Voyez comment l'Esprit vous relie à d'autres voyageurs — certains inattendus, certains même jadis appelés ennemis. Laissez votre cœur s'accorder à la sagesse qui résonne dans chaque quark et chaque recoin de la création. Tout est imprégné de la joie, de la gloire et de l'amour de Dieu.

Ce livre est une modeste tentative de dire ce que la foi ressent lorsqu'elle est remplie du souffle de l'Esprit, façonnée par l'amour du Christ et fixée sur l'avenir de Dieu. C'est une offrande comme un travail d'amour — une doxologie théologique — pour aider l'Église à se souvenir de la grammaire de l'amour et à retrouver une foi vivante de l'énergie des origines.

Suivez la trajectoire déployée de la parabole, et vous vous trouverez dans le chemin toujours élargi de l'amour de Dieu — projeté dans la confiance, revenant dans la gloire, et se dépassant toujours dans l'immensité sauvage de l'amour infini et vulnérable qui est Dieu, d'éternité en éternité. Rien n'est laissé de côté.

Qu'il en soit ainsi.

# Introduction
## *Parler d'amour comme premier mot de la foi*

*"Viens, Esprit Saint, et allume en nous le feu de ton amour.*
*Prends nos esprits et réfléchis à travers eux. Prends nos lèvres et*
*parle à travers elles. Maintenant, prends nos âmes et enflamme-*
*les."*
*Amen.*
*Prière chrétienne ancienne*

**Parler d'amour**
**La doctrine comme premier mot de la foi**

Cette ancienne prière de l'Église saisit le cœur de ce livre. La doctrine n'est pas seulement la réponse intellectuelle de l'Église à la vérité divine, c'est sa grammaire fidèle de l'amour de Dieu, exprimée d'un cœur enflammé par l'Esprit et façonnée par la communion priante. Ce qui suit n'est pas une spéculation abstraite, mais l'effort de l'Église pour exprimer cet amour avec clarté, révérence et espérance, exprimé d'un cœur enflammé par l'Esprit et façonné par la communion priante avec le Dieu vivant. Qu'est-ce que la doctrine, sinon la manière dont l'Église parle du Dieu qu'elle a appris à connaître par la grâce et l'amour dans la prière? Et qu'est-ce que la foi, sinon le don de l'Esprit, une confiance éveillée en l'âme par l'amour de Dieu, insufflée par la prière et l'adoration?

Ce livre naît de la conviction que la doctrine chrétienne n'est pas un musée de déclarations figées, ni une relique préservée derrière le verre de la certitude ecclésiale, mais un témoignage vivant et respirant, façonné par la prière, éprouvé par la souffrance et exprimé par l'amour. La doctrine, dans ce qu'elle a de meilleur, est la grammaire fidèle de l'amour de Dieu, un langage façonné par l'Esprit pour exprimer, incarner et mettre en pratique cet amour dans la vie communautaire, le témoignage et l'espérance, car c'est la manière pour l'Église de respirer avec l'Esprit, de confesser, de se souvenir et de proclamer le Dieu qui est Amour.

Ce livre propose une invitation théologique, un appel à vivre la doctrine non pas comme une théorie à maîtriser, mais comme un langage commun d'appartenance façonné par l'amour divin et la rencontre dans la prière. Il invite les lecteurs, en particulier les étudiants, les ministres du culte et les pèlerins de foi, à considérer la doctrine non pas comme un système clos de propositions théologiques abstraites, mais comme la grammaire vivante de l'Église, un souffle vivifiant façonné par l'Esprit. La doctrine n'est pas l'ennemie de l'expérience ou de l'imagination. Elle n'est pas non plus une relique d'un passé figé. C'est l'amour dont on se souvient, qu'on chante, qu'on incarne et qu'on partage. Puisque la doctrine respire et vit dans la respiration de l'Esprit pour dialoguer avec la grammaire de l'amour divin, l'objectif n'est pas simplement de comprendre une doctrine formalisée, mais d'être transformé par elle. À cette fin, puisque la foi, imprégnée de l'énergie de l'amour de Dieu, se reçoit dans la prière, il est préférable de lire ce livre dans un esprit de prière. Puisse-t-il vous conduire à un émerveillement, un courage et un amour plus profonds.

Nous vivons une époque de profonde désorientation. Les fractures de notre époque, sociales, politiques, écologiques et spirituelles, réclament une Église qui sache non seulement ce qu'elle croit, mais aussi comment vivre cette croyance avec joie, humilité et force. Dans un tel contexte, retrouver la doctrine comme grammaire fidèle de l'amour divin de l'Église devient non seulement une tâche théologique, mais aussi une nécessité pastorale, invitant les communautés à parler, prier et vivre la vérité de l'amour de Dieu au milieu des dissonances de notre époque. Une doctrine fidèle est importante car elle forme des communautés capables d'un tel témoignage fidèle et d'un tel amour précieux. Elle nous aide à prier profondément, à nous lamenter sincèrement, à aimer généreusement et à attendre ensemble, dans l'espérance, le monde à venir.

Cet ouvrage explore la relation vitale entre foi et doctrine, à travers une perspective wesleyenne, ancrée dans les "principes premiers" de l'Évangile. Cette exploration est à la fois théologique et dévotionnelle, historique et contemporaine. Elle affirme que la foi naît de la prière par l'Esprit, et que la doctrine émerge comme la grammaire de cet amour éveillé par l'Esprit. Les credo, les dogmes et les formulations théologiques naissent, non pas d'abord d'une ambition institutionnelle ou d'un besoin de contrôle, mais de communautés qui ont rencontré le Dieu vivant dans la prière, l'Écriture, le culte et la vie commune. Écriture et sacrement, souffrance et chant, mémoire et mission convergent pour former une vision vivante de la doctrine incarnée. Pourtant, lorsque ces principes premiers disparaissent, lorsque la grammaire de l'amour est remplacée par un langage de pouvoir institutionnel, la doctrine devient un outil de prescription plutôt qu'un témoin de transformation. La vérité de l'Évangile nous libère, mais lorsque la doctrine est détachée de l'Esprit qui nous enseigne à prier et réduite à une liste de croyances ecclésiales et d'affirmations doctrinales séparées de l'amour du Christ, elle ne parle plus le langage de la foi ou de la fidélité.

Ce dynamisme de l'amour n'est pas sans racines. Plutôt qu'une simple méthode de raisonnement théologique, le quadrilatère wesleyen, Écriture, tradition, raison et expérience, fonctionne comme une grammaire de la grâce façonnée par l'Esprit. Il permet à la doctrine de rester à la fois fondée et génératrice, faisant écho au mouvement de l'amour divin dans des contextes toujours nouveaux. La théologie wesleyenne offre un modèle particulièrement convaincant de développement doctrinal, utilisant l'Écriture, la tradition, la raison et l'expérience comme moyens de grâce pour atteindre notre but en Dieu.

Ce quadrilatère ne réduit pas la doctrine à des formulations statiques, mais lui permet de demeurer un moyen de grâce fidèle à l'Évangile tout en s'adaptant aux nouveaux contextes. Enracinée dans la grâce et façonnée par l'Esprit, la théologie wesleyenne montre comment la doctrine peut rester à la fois fondée et génératrice, à la fois ancienne et adaptative. La doctrine demeure ancrée dans les Écritures, la vie cultuelle de l'Église et la direction constante de l'Esprit, cet

Esprit qui continue d'animer et d'élargir notre compréhension et notre vision fidèles de la promesse divine de la Nouvelle Création. Et ici, la théologie wesleyenne offre quelque chose d'essentiel: un modèle fidèle et flexible de développement doctrinal, ancré dans l'Écriture, la tradition, la raison et l'expérience, le tout sous la protection providentielle de l'amour de Dieu.

Contrairement aux visions flagrantes d'une doctrine figée ou figée, j'affirme une tradition vivante et vivante, imprégnée de l'Esprit, Seigneur et Donateur de vie. La doctrine est dynamique parce que la foi de l'Église est dynamique, toujours animée par l'Esprit, vibrante d'amour divin et s'adaptant au rythme de l'œuvre continue de Dieu dans le monde. Les credo ne sont pas des cages de foi, mais des chants, composés par des communautés en phase avec la direction de l'Esprit par la grâce. Le dogme, dans son meilleur état, ne fait pas taire les questions, mais laisse place au saint mystère. Le canon vincentien, "partout, toujours et par tous", ne doit pas être utilisé pour éclipser prématurément l'espérance eschatologique de la Nouvelle Création. Les doctrines de l'Église continuent de s'étendre et de s'étendre avec la grammaire de l'amour infini et vulnérable de Dieu, car l'avenir de Dieu et de toute la création attend l'accomplissement par l'Esprit de la promesse du Christ de "faire toutes choses nouvelles".

Une grande partie de mes travaux universitaires ont porté sur le développement de la doctrine de l'Église. Chemin faisant, j'ai découvert de profondes sources de sagesse et de grâce au sein de la tradition théologique de l'Église. Mais tout a changé lorsque j'ai compris que ces enseignements, ces credo, ces dogmes et ces doctrines n'étaient pas forgés dans des spéculations abstraites, mais nés de la prière. Cette prise de conscience a transformé à jamais ma vision de la vie doctrinale de l'Église.

Depuis près de quarante ans, j'enseigne la beauté, la vérité et la grâce de la foi de l'Église. J'ai cherché, même imparfaitement, à la vivre, à l'incarner. Pourtant, je me suis toujours senti comme un prophète, à l'intérieur de la tradition de l'Église, tourné vers les marges de la société et de la culture, porté par une "foi imprégnée de l'énergie de l'amour de Dieu". De ce point de vue, j'ai observé avec tristesse et une profonde tristesse comment le christianisme institutionnel, sous de multiples formes et dans de nombreuses communions, a commencé à renverser l'ordre vivant de l'Évangile. De plus en plus, l'appartenance en est venue à dépendre de l'adhésion intellectuelle à la doctrine, de l'affirmation du credo requise avant la communion, avant la relation, avant la grâce. En de nombreux endroits, une sorte de certitude crédo-doctrinale s'est installée, remplaçant la foi spirituelle qui est le véritable cœur de l'Église. De toute évidence, ce n'est pas l'Évangile.

La Bonne Nouvelle, c'est que nous appartenons déjà à Dieu, les uns aux autres, à l'amour réconciliateur de Dieu en Christ par la puissance de l'Esprit. Nous croyons parce que nous avons été réveillés par la prière, parce que nous avons été enflammés par l'Esprit, parce que le feu de l'amour divin a éveillé nos cœurs à la confiance. La doctrine n'est donc pas la porte d'entrée dans l'Église, mais la réponse de l'Église à Dieu qui s'est déjà approché. Une bonne doctrine est l'expression fidèle de notre appartenance commune à la lumière de l'amour de Dieu.

Et pourtant, trop souvent, dès la formation du Credo, l'Église passe de la confession à la consolidation, de la doxologie communautaire à la régulation institutionnelle: comme au lendemain du concile de Nicée, lorsque l'orthodoxie nicéenne fut utilisée pour marginaliser les voix dissidentes et réprimer la diversité théologique, elle devient un outil de contrôle. La doctrine, autrefois doxologie, se durcit en dogme utilisé pour diviser. Ce livre est donc à la fois une restauration de la foi et de la doctrine, et un plaidoyer pour un renouveau du témoignage de l'Église par une grammaire d'amour inspirée par l'Esprit, afin que la doctrine puisse à nouveau fonctionner comme la grammaire fidèle de l'appartenance divine plutôt que comme une frontière d'exclusion. C'est une œuvre d'une profonde espérance œcuménique, un travail offert au service de l'unité pour laquelle le Christ a prié dans sa grande prière sacerdotale. C'est un appel à se rappeler que l'Esprit souffle encore, que la doctrine fidèle peut encore chanter et que l'amour de Dieu demeure la première et dernière parole de l'Église, un amour qui nous envoie dans le monde non pas avec peur ou contrôle, mais avec les mains et les cœurs ouverts, aspirant à une Église renouvelée dans la compassion, la communion et l'espérance courageuse de la Nouvelle Création.

**Le premier ordre de connaissance**
**L'amour avant le langage**

Ce livre cherche à retrouver ce que l'on pourrait appeler le "premier ordre de connaissance", une forme de connaissance qui n'est pas le fruit d'une construction humaine, mais qui naît de l'amour infini et vulnérable du Créateur. Du début de la création à son accomplissement promis, Dieu prononce la Parole et imprègne le ciel et la terre de sa gloire divine. Cette manière de connaître repose sur la parole du Créateur, et en dépend continuellement, non seulement dans ce que nous voyons et entendons, mais aussi dans ce que nous savons et comment nous le savons. Ainsi, la doctrine peut être comprise comme une réponse de "second ordre": l'articulation fidèle par l'Église de cette initiative divine, une grammaire façonnée par le premier ordre de révélation aimante de Dieu. Ce cadre comprend la doctrine comme la grammaire de l'amour divin, un langage né de l'amour initiateur du Créateur, soutenu par l'Esprit et exprimé fidèlement par l'Église.

Ce premier ordre de connaissance se dévoile comme mystère et miséricorde:

- La Parole qui a donné naissance à la création est l'Amour qui est Dieu.
- Le Verbe qui s'est fait chair est l'Amour qui est Dieu.
- Le Verbe qui a soufflé la flamme de l'Amour à la Pentecôte est l'Esprit qui a formé l'Église comme le Corps vivant et respirant du Christ, une communion de voix diverses liées entre elles par la grâce, parlant en de nombreuses langues avec une grammaire partagée de l'amour divin.

- La Parole qui promet la Nouvelle Création est l'Amour qui est Dieu, notre commencement et notre fin future.

Cet Amour qu'est Dieu est la source de la foi. Née de cette initiative divine, la foi s'éveille dans l'âme et s'exprime par la prière et la doctrine, formant ainsi la grammaire d'amour réceptive de l'Église.

## La foi comme don
### Éveillé par l'Esprit, non mérité
La foi n'est pas notre réussite. C'est un don de Dieu, radicalement différent d'une justice fondée sur les œuvres ou d'un consentement intellectuel. Contrairement à la foi conçue comme un mérite ou une conclusion rationnelle, ce don naît de la grâce seule, nous appelant à une humble confiance et à une intimité relationnelle avec Dieu. Ce n'est pas quelque chose que nous possédons, mais quelque chose que Dieu nous donne. Elle ne naît pas d'une persuasion intellectuelle ou d'un effort personnel, mais de l'éveil de l'Esprit, une confiance imméritée qui découle de l'initiative divine. Cette initiative divine invite l'Église à une posture d'humilité doctrinale, nous rappelant que tout langage théologique est secondaire, toujours une réponse à la première Parole d'amour de Dieu.

La foi n'émerge pas de l'intérieur, mais de la rencontre. C'est l'assurance douce et inébranlable que nous sommes connus, vus et aimés de Dieu. C'est le murmure aimant de l'Esprit, qui nous appelle par notre nom avant même que nous prononcions un mot.

## La prière et le souffle
### La grammaire de la confiance de l'Esprit
La foi naît de la prière et de l'amour, mais même la prière n'est pas d'abord un acte humain. La prière est le souffle de l'Esprit lui-même dans le cœur, suscitant l'émerveillement, l'abandon et la confiance, et façonnant la vie communautaire de l'Église par des rythmes partagés d'adoration, de confession, d'espérance et d'émerveillement, d'abandon et de confiance, avant même la confession d'un credo ou la parole prononcée. L'Église n'invente pas la foi par

une formulation théologique; elle la reçoit par l'adoration donnée par l'Esprit.

John Wesley demandait à plusieurs reprises, avec une urgence pastorale: "Votre foi est-elle imprégnée de l'énergie de l'amour de Dieu?" Pour Wesley, cet amour n'est jamais sentimental ou abstrait. C'est l'amour catholique, l'amour trinitaire répandu par le Père, révélé dans le Fils et répandu dans nos cœurs par le Saint-Esprit. Cet amour divin n'est pas une doctrine à définir, mais un feu à saisir.

Charles Wesley capture cette vision dans son hymne:
*Ô Amour Divin, que tu es doux!*
*Quand trouverai-je mon cœur bienveillant Tout entier absorbé par toi?*

Il ne s'agit pas d'un appel à la précision doctrinale, mais d'un appel au Dieu vivant pour qu'il habite le cœur, formant en nous une grammaire incarnée de l'amour qui transcende les simples mots.

### L'amour avant la croyance

L'amour précède la croyance. L'adoration précède l'expression. Nous sommes attirés par la foi; nous n'y parvenons pas par la raison. La foi ne se construit pas par la logique humaine ni par le choix volontaire de croire, elle est insufflée par l'amour divin. Comme l'écrit l'apôtre Paul: "L'amour de Dieu a été répandu dans nos cœurs par le Saint-Esprit qui nous a été donné" (Romains 5, 5). Pour les Wesleyens, cette effusion n'est rien de moins que la présence de la Trinité tout entière.

La foi peut naître du cœur, mais elle se nourrit dans le Corps, l'Église, le corps vivant et respirant du Christ, où les pratiques partagées, le culte communautaire et l'amour mutuel donnent naissance à une doctrine, non pas comme conviction personnelle, mais comme un langage commun façonné par la grâce. John Wesley insistait: "Il n'y a de sainteté que la sainteté sociale." La vie chrétienne ne saurait être maintenue dans l'isolement. L'Église est l'école de l'amour, l'habitat de la grâce, la demeure où les croyants sont façonnés à l'image du Christ par la parole, la table et la vie quotidienne.

**Le mot avant les mots**
**Écouter la création que Dieu aime**

Avant même que l'Église ne proclame ses credo, la Parole parlait déjà. La Parole par laquelle tout a été créé n'a jamais gardé le silence. La création elle-même est le premier sacrement de l'œuvre du Créateur: les montagnes et les rivières, les animaux et les arbres, le soleil et les étoiles, tous expriment la gloire du Créateur, sans paroles humaines. Comme le dit le psalmiste: "Le jour en dit long au jour, et la nuit en annonce la connaissance à la nuit" (Ps 19,2).

La création exprime une grammaire plus ancienne que la théologie, une doxologie antérieure à la doctrine. La doctrine ne remplace pas le témoignage de la création; elle lui répond. C'est la tentative fidèle de l'Église d'écouter, de nommer et de faire écho à ce qui a déjà été déclaré depuis le début: que Dieu est Amour. Ainsi, la parole éternelle du Verbe devient l'impulsion fondamentale de la tâche d'articulation doctrinale de l'Église, non pas pour définir le mystère, mais pour participer à sa louange et proclamer sa présence. Imaginez!

C'est la discipline d'attendre, sans chercher à saisir, que la Parole parle. De ce point de vue, la doctrine ne peut être ni contrôle ni conquête. Elle doit être vaste et respectueuse. Elle doit naître de l'émerveillement, et jamais de la certitude. La doctrine est la grammaire fidèle de l'amour de Dieu. Elle naît d'une attention respectueuse à un monde qui prononce déjà le nom de Dieu. Elle n'est pas une invention de l'Église, mais son humble réponse.

La doctrine et le credo n'émergent pas pour remplacer ce "premier ordre de connaissance", mais pour façonner notre façon de connaître dans l'amour, pour aider l'Église à se souvenir et à confesser ce qu'elle a reçu. Les credo n'ont jamais eu pour but d'enfermer le mystère dans des formules, mais de protéger le témoignage de l'Église de l'amour de Dieu révélé en Christ, un amour qui chante déjà dans la création, qui respire déjà dans la prière.

Historiquement, la doctrine a suivi le mouvement de la foi. L'Église n'a pas commencé par définir le Christ, mais par l'adorer. Les premiers chrétiens ont été saisis par la vie de l'Esprit bien avant de trouver les mots pour la décrire. La doctrine est venue plus tard, non pour contraindre cette vie, mais pour en témoigner fidèlement. La tâche de la doctrine est d'intégrer la grammaire de l'amour de Dieu à notre imagination et à notre espérance du Royaume bien-aimé de Dieu, sur terre comme au ciel.

Nous revenons ainsi au cœur de l'affirmation centrale de ce livre: la doctrine est la grammaire fidèle de l'amour de Dieu, un langage né de l'amour, façonné par l'amour, et qui nous ramène à l'amour. C'est une façon de parler qui naît de l'amour, sert l'amour et ramène à l'amour. Elle ne tait pas le mystère, mais nous invite à l'habiter. Elle ne commence pas par des mots, mais par le Verbe incarné, et par la création qui porte encore la présence glorieuse de son Créateur. La doctrine s'incarne pour apprendre la grammaire fidèle de l'amour de Dieu et porter toutes choses vers la Nouvelle Création.

Ce livre se présente comme un petit écho de cet amour, cherchant à apprendre et à transmettre la grammaire de l'amour incarné, le thème même de la Doctrine incarnée. Je prie pour que nous apprenions à le transmettre fidèlement, ensemble.

## Chapitre un
## De la communion au credo

*Professer la foi chrétienne, c'est se laisser entraîner dans le langage de l'Esprit, un langage façonné par la Parole, nourri dans l'adoration et ordonné à l'amour.*
Rowan Williams
*"Dieu est amour; et ceux qui demeurent dans l'amour demeurent en Dieu, et Dieu demeure en eux." (1 Jean 4:16)*

### L'Église croit parce qu'elle appartient

Avant que l'Église n'ait un credo, elle avait un repas. Avant que la doctrine ne soit écrite, le pain était rompu, un repas qui semait la grammaire de l'amour que la doctrine allait plus tard exprimer. Les premiers chrétiens se réunissaient non pas pour débattre de propositions, mais pour partager la vie, prier, se souvenir, espérer. La foi n'a pas commencé par une déclaration de foi. Elle a commencé par une rencontre: le Christ ressuscité au milieu d' un peuple brisé, désemparé, joyeux.

Cet ordre est important. Le modèle de la vérité chrétienne n'est pas imposé d'en haut, mais émerge du vécu de l'Église. La doctrine épouse la forme de l'Évangile lui-même, émergeant de la rencontre avec le Christ ressuscité, nourrie par la communion et trouvant son expression dans les confessions des fidèles. Ce que l'Église croit, enseigne et confesse n'est autre que l'Évangile. Elle n'invente pas la vérité; elle répond à la vérité déjà reçue.

La doctrine naît lorsque l'Église témoigne de ce qu'elle a déjà reçu et expérimenté dans l'Esprit. Cela signifie que la doctrine ne fait pas l'Église; prétendre le contraire serait contraire au modèle de la vérité chrétienne. Au contraire, l'Église croit parce qu'elle a confiance en son appartenance au Christ. L'Église ne croit pas pour appartenir. Elle est déjà greffée au Corps vivant et respirant du Christ, enflammée par l'Esprit.

De cette communion d'appartenance, l'Église exprime ce qu'elle sait au plus profond d'elle-même: que Jésus- Christ est Seigneur, que Dieu est amour et que l'Esprit est toujours à l'œuvre. Les credo et les doctrines ne fabriquent pas la foi, ils la confessent. Le Credo ne fait ni ne définit l'Église; l'Esprit engendre l'un et l'autre. L'Église, vivante dans l'Esprit, exprime la vérité de l'Évangile en confessant sa foi par le Credo et non grâce à lui.

L'Église, "nouvelle demeure de Dieu dans l'Esprit", dit John Wesley, a toujours été censée refléter l'unité et la communion de la vie trinitaire. Ses premiers credo témoignaient non seulement de ce que croyaient les chrétiens, mais aussi de leur appartenance. La doctrine n'était pas seulement une description de la foi. C'était la grammaire de l'amour, une manière de parler et de vivre qui façonne l'identité, les relations et les pratiques de l'Église pour participer à Dieu par la foi.

Une tradition vivante devient une idole lorsqu'elle devient le centre de son culte, un symbole lorsqu'elle se déconnecte de la tradition et s'égare dans son culte, mais une icône lorsqu'elle participe à la réalité qu'elle désigne dans son culte. Lorsque la doctrine est fondée sur la communion et la prière, elle sert d'icône, participant de l'amour divin; mais séparée de la vie de l'Esprit dans l'Église, elle peut dégénérer en symbole, voire en idole. En ce sens, les credo ne sont pas destinés à être clos par des murs, mais à être des fenêtres ouvertes qui nous ouvrent sur le mystère. Ils offrent un langage commun, forgé dans la prière et la communion, un langage qui naît non pas comme une frontière, mais comme une invitation, faisant écho à l'affirmation de ce chapitre selon laquelle la doctrine naît de l'expérience vécue de l'Esprit par l'Église. Par cette expérience, l'Église chante, se lamente et proclame l'amour de Dieu qui maintient toutes choses ensemble.

C'est pourquoi John Wesley a pu parler de la priorité ontologique de l'amour de Dieu en toutes choses. Pour Wesley, la doctrine n'avait jamais pour but de réduire au silence ou d'exclure, mais de parler avec le langage de la foi, de raviver l'espérance et d'exprimer l'amour saint. L'Esprit qui a enflammé l'Église à la Pentecôte continue d'allumer en nous le même feu de l'amour de Dieu: une foi qui naît dans la communion et se répand dans la confession, la doxologie, la vie commune dans l'amour. La doctrine est donc la grammaire fidèle de l'amour divin, une grammaire qui prépare l'Église à recevoir et à répondre à l'Esprit qui nous donne les paroles que nous prononçons avec foi, une réponse donnée par l'Esprit qui naît de la communion de l'Église avec Dieu, non comme un préalable à la foi, mais comme son expression en développement.

## L'Esprit donne les paroles

L'Esprit qui anime l'Église lui donne aussi un langage fidèle. La doctrine ne naît pas dans l'académie ou à la table du conseil. Elle naît lorsque quelqu'un, quelque part, ouvre son cœur à Dieu et découvre que l'Esprit prie déjà en lui. Comme l'écrit Paul: "L'Esprit intercède par des soupirs inexprimables" (Romains 8:26).

La doctrine commence toujours par la prière, car le premier fondement de la foi dans le cœur est la confiance, une confiance qui, bien que profondément personnelle, est toujours façonnée et développée par la vie communautaire de l'Église, son culte et le souvenir du peuple de Dieu, inspiré par l'Esprit. La confiance est la forme la plus pure de la foi, et ce don de la foi est le fondement de l'amour. C'est la confiance que nous sommes connus et aimés de Dieu.

Même lorsque nous demandons la foi parce que nous ne la connaissons pas encore, cette demande elle-même est un signe que l'Esprit est déjà à l'œuvre en nous. Avant de savoir quoi croire, nous savons ce que signifie aspirer, gémir et tendre vers Dieu. Ce désir est déjà une forme de connaissance, une connaissance née de l'œuvre de foi la plus profonde de l'Esprit en nous. C'est ainsi que la doctrine naît dans la prière, une confiance qui, bien que profondément personnelle, est toujours façonnée et enrichie par la vie communautaire de l'Église, son culte et la mémoire du peuple de Dieu, inspirée par l'Esprit.

John Wesley l'avait bien compris. Il demandait constamment: "Votre foi est-elle imprégnée de l'énergie de l'amour de Dieu?" Pour Wesley, la vraie foi est toujours un don de l'Esprit, et sa manifestation ne se réduit pas à un ensemble de croyances justes, mais à l'amour saint de Dieu qui imprègne toute la création. John et son frère Charles appelaient cela "l'amour catholique", un amour qui découle de la vie trinitaire de Dieu et qui embrasse tout. L'amour catholique est l'âme de la doctrine de l'Église, servant de fondement théologique à une doctrine plus large que restrictive, un amour qui appelle l'Église à accueillir la diversité, à incarner l'hospitalité et à confesser sa foi d'une manière qui fasse écho au cœur inclusif du Dieu trinitaire. Un amour vaste, inclusif et missionnaire, qui découle de la vie du Dieu trinitaire et s'ouvre à toute la création dans la grâce et la communion.

Cela s'exprimait à travers la poésie de Charles Wesley et les hymnodies des premiers méthodistes, qui exprimaient les profondes affections des cœurs éveillés par la grâce. Sa poésie exprimait ce que les cœurs éveillés par l'Esprit savaient déjà: la Trinité n'est pas une énigme à résoudre, mais une doxologie à chanter. Charles savait que nous ne nous acheminons pas vers Dieu par la raison. Nous sommes attirés par la beauté, éveillés par la joie et convoqués par l'amour.

La foi, une fois éveillée par l'Esprit, ne peut rester silencieuse. Elle brûle de parler à la flamme de l'amour. Et ce qu'elle exprime ne sont pas de simples propositions, mais des louanges. La doctrine fidèle, dans cette optique, n'est pas le produit d'une déduction ou d'un calcul. Elle est le fruit de la communion. C'est l'Église, respirant profondément l'Esprit, qui donne un langage à l'amour reçu, une grammaire de communion façonnée par l'Esprit qui façonne la manière dont l'Église connaît, prie et vit dans la fidélité.

C'est pourquoi la doctrine est indissociable de la vie affective de l'Esprit. Elle naît là où la confiance rencontre l'amour, là où le désir devient langage. La doctrine ne répond pas au désir par la clôture, mais par la communion, une communion qui anticipe l'effusion de l'Esprit à la Pentecôte, où le langage de l'amour s'est répandu en de nombreuses langues. Elle nous apprend à écouter nos plus profonds soupirs et à y répondre selon la grammaire de la grâce.

Enseigner la doctrine, ce n'est donc pas expliquer le mystère de Dieu, mais inviter les autres à se joindre au chant. C'est dire: "Venez, chantons au Seigneur; poussons des cris de joie vers le rocher de notre salut" (Psaume 95:1). C'est dire: "Goûtez et voyez" (Psaume 34:8). Venez écouter. Venez chanter.

C'est pourquoi le récit de la Pentecôte est si central. L'effusion de l'Esprit n'a pas été un événement silencieux. Comment un vent impétueux et le bruit de langues multiples auraient-ils pu rester silencieux? La Pentecôte, cette "nouvelle demeure de Dieu dans l'Esprit" (Wesley), apporte au monde de multiples façons de saisir le mystère de l'amour infini et vulnérable qu'est Dieu. Et dans chaque langue, l'Évangile a trouvé un nouvel accent, une nouvelle cadence, une nouvelle façon de dire: "Dieu est amour". Cette multiplicité ne menace pas l'unité, mais en est l'accomplissement, reflétant l'unité relationnelle de la Trinité, diverse et pourtant une dans l'amour. La doctrine façonnée par l'Esprit reflète cette harmonie, invitant l'Église à parler en plusieurs langues d'un seul cœur. L'Esprit n'efface pas les différences, mais les transfigure en harmonie. L'Église ne confesse pas en une seule langue, mais célèbre le don de la diversité et chante en harmonie, à plusieurs voix, dans un seul amour.

Enseigner la doctrine ne consiste donc pas à expliquer le mystère de Dieu, mais à inviter les autres à participer au chant, un chant dont la mélodie est façonnée par l'Esprit et dont l'harmonie résonne avec la vie du Dieu trinitaire. Et la source de ce chant, la mélodie et l'harmonie de notre confession, est le Dieu trinitaire dont l'amour habite en nous. L'Esprit qui nous donne les divers langages de l'amour unitif est le même Esprit qui nous attire à la vie même du Père, du Fils et du Saint-Esprit, "Trinité" dans l'Unité et Unité dans la Trinité (Athanase).

## La doctrine comme don de la vie trinitaire

La doctrine ne naît pas de l'abstraction; elle émerge du cœur de l'amour trinitaire, rythme affectif de communion divine qui fait écho au chant de l'Esprit qui vibre déjà au sein de l'Église. Charles et John Wesley ont tous deux enseigné que "tant que la Trinité tout entière ne descend pas dans nos cœurs fidèles", nous ne pouvons pleinement nous éveiller à la puissance transformatrice de la grâce. Un cœur fidèle qui fait confiance participe à la vie et à l'amour confiants de Dieu lui-même, un mouvement trinitaire par lequel l'Esprit entraîne les croyants dans la confiance intime partagée entre le Fils et le Père, nous formant au rythme même de la communion divine et enracinant notre foi dans l'expérience vécue de la grâce que John Wesley a si vivement décrite comme l'amour intérieur de Dieu.

Dans l'hymne de Charles Wesley "Ô Amour Divin, comme tu es doux", nous entendons ce désir de plénitude de la Trinité intérieure: "Fixé sur le tertre athanasien, j'ai encore besoin d'un terrain plus solide / Qui seul peut me suffire, / Toute la mystérieuse Trinité / Habitant mon cœur." La foi n'est pas simplement une connaissance de Dieu. C'est Dieu qui demeure en nous, et nous en Dieu. C'est là que nous commençons à exprimer la grammaire fidèle de l'amour de Dieu.

Telle est la logique de l'Incarnation, le modèle incarné de la révélation et de la participation divines. Jésus n'est pas venu enseigner une doctrine abstraite et détachée. Il est venu vivre l'amour de Dieu dans la chair humaine. Ce faisant, le Christ a révélé non seulement qui est Dieu, mais aussi ce que signifie être véritablement humain. La descente de l'Esprit à la Pentecôte perpétue cette logique incarnée. L'Esprit habite le Corps du Christ, non pas comme une présence vague, mais comme le feu de l'amour répandu dans les cœurs humains.

De plus, la sotériologie de l'Évangile révèle le modèle selon lequel la foi, l'espérance et l'amour sont reçus et vécus. De même que nous sommes appelés à être saints comme Dieu est saint, ou à être parfaits comme notre Père céleste est parfait, nous savons que tout ce que Dieu commande, il le donne et l'accomplit aussi. Ainsi, la doctrine, véritable grammaire de l'amour de Dieu, se forme à partir de la logique de la grâce divine. Nous n'aimons que parce que Dieu nous a aimés le premier; nous ne sommes saints que parce que Dieu nous a sanctifiés. Ainsi, la fidélité du Christ (*pistis Christou*) devient la source et la forme de notre connaissance et de notre amour fidèles, fondant le développement de la doctrine non sur l'initiative humaine, mais sur la confiance et l'amour parfaits du Christ. Ce modèle participatif révèle la doctrine comme une réponse façonnée par l'Esprit, un écho de la fidélité relationnelle du Christ vécue dans l'Église. Comme le dit Paul: "Je vis dans la fidélité du Fils de Dieu, qui m'a aimé et s'est livré pour moi" (Galates 2, 20).

Lorsque la doctrine est détachée de cette logique d'initiative divine, elle devient un "mauvais code", un script désordonné, dépourvu de la syntaxe d'amour de l'Esprit, seule capable d'animer la foi en pratique, tel un algorithme corrompu qui égare notre vie. Mais lorsqu'elle est ancrée dans l'Évangile, la doctrine fidèle devient un code vivant: un modèle imprégné de l'Esprit pour connaître, aimer et agir. C'est une catéchèse écrite dans la grammaire de l'amour de Dieu.

C'est pourquoi John Wesley parlait souvent de la nouvelle naissance comme du Dieu trinitaire s'installant dans le cœur. Le salut n'est pas seulement le pardon; c'est la présence divine qui fait de nous de nouvelles créatures. Et cette présence déborde toujours. Elle donne naissance à des affections saintes, à des œuvres de miséricorde, à des habitudes de prière et à des doctrines qui proclament l'amour parfait de Dieu auquel nous faisons confiance. L'œuvre de la foi consiste à faire confiance à cet amour intérieur qui non seulement pardonne, mais nous invite à partager l'amour de Dieu qui enflamme nos cœurs et fait de nous de nouvelles créatures.

La doctrine n'est donc pas quelque chose que l'Église crée. C'est quelque chose que l'Esprit suscite. C'est la façon dont l'amour prend forme dans le langage des cœurs fidèles.

C'est la tentative de l'Église de nommer ce que signifie être pris dans la vie trinitaire de Dieu, un acte toujours provisoire, toujours en devenir, tandis que l'Église est continuellement attirée plus profondément par l'Esprit dans le mystère de l'amour divin. Nous croyons en qui nous avons confiance, car nous savons à qui nous appartenons, et lorsque nous savons que nous appartenons, nous confessons ce que nous croyons et ce en quoi nous avons confiance à propos de

Celui à qui nous appartenons. La doctrine est la grammaire de cette appartenance lorsque l'Esprit déverse l'énergie de l'amour de Dieu dans nos cœurs.

Grégoire de Nazianze, souvent appelé "Le Théologien", pour ses profondes réflexions théologiques, accordait une attention particulière à la prudence dont nous devons faire preuve dans nos propos sur Dieu, qui, par essence, dépasse l'entendement humain. Dans ses *Discours théologiques,* Grégoire nous avertit que nous devons "rester silencieux", comme dans la prière, pour connaître Dieu, car nos manières humaines de le connaître sont "faibles et fragiles". Pourtant, se taire, c'est négliger la vérité qui émerge du silence. Cette conviction résonne tout au long de l'histoire de l'Église et nous rappelle que la doctrine n'est pas simplement intellectuelle; elle est doxologique. Elle naît de la présence divine et vise à glorifier le Dieu qui habite parmi nous.

L'Esprit Saint ne se contente pas de clarifier la doctrine; il la rend possible. L'Esprit est la condition de toute parole fidèle sur Dieu. Sans l'Esprit, nous manquons de mots pour parler de la foi, et notre doctrine devient alors fragile, réduite à un argument ou à une idéologie, coupée du discours dynamique et doxologique de l'Esprit qui anime le témoignage de l'Église et l'appelle à une communion plus profonde. Mais forgée au feu de l'amour de Dieu, elle devient une parole vivante, un don qui nous unit au Christ et les uns aux autres.

Ainsi, la doctrine n'est pas extérieure au salut; elle en est l'un des fruits. La doctrine n'est pas la voie d'accès à la grâce, mais l'expression d'une vie pleine de foi, accueillie par la grâce. Et cette grâce n'est rien d'autre que la vie du Dieu trinitaire partagée avec le monde, par le Christ, dans l'Esprit.

**Du dogme à la foi vivante**

Dans ce chapitre, j'utilise des termes comme doctrine, dogme, credo et grammaire de l'amour pour décrire la tentative fidèle de l'Église de parler de l'amour divin qu'elle a reçu. Bien que distincts par leurs nuances théologiques, ces termes ont tous un objectif commun: aider l'Église à exprimer la foi qui vit en communion avec le Dieu trinitaire.

Le mot "dogme" a fini par sonner froid à beaucoup d'oreilles, évoquant rigidité, exclusion ou contrôle plutôt que respect, amour et témoignage. Pourtant, à l'origine, le dogme fonctionnait comme la confession doxologique de l'Église, une proclamation née de l'Esprit, façonnée dans la prière et la communion, et non comme un point fixe ou une exigence inflexible. Le dogme, dans son sens le plus ancien, n'a jamais été synonyme de rigidité. Il s'agissait du témoignage fidèle de l'Église au mystère de Dieu révélé en Christ. Le dogme n'a jamais été destiné à contraindre; il visait à confesser la foi du Christ que l'Église avait reçue, une foi née de l'Esprit et rencontrée dans la communion, et non à se construire comme un contrôle épiscopal.

Le dogme de l'Église est sa foi. Les Credo ne sont pas des ajouts marginaux à la vie chrétienne; ils sont la mémoire condensée de l'Église, préservée et animée par l'Esprit, qui porte l'expérience vécue de Dieu par l'Église à travers la lutte, la grâce et la prière; une mémoire formée dans la prière, clarifiée par la lutte et soutenue par l'amour. Ils n'ont jamais été destinés à mettre fin à la conversation, mais à approfondir la communion. Lorsque le dogme est vivant, il sert l'Église comme un moyen de grâce, offrant un langage qui fonde et guide la communauté dans son cheminement vers Dieu.

L'essence de la foi est l'amour, et la grammaire de cet amour est la doctrine fidèle. Doctrine et foi vont de pair, car ce que croit l'Église n'est pas une proposition statique, mais une communion dynamique, animée par l'Esprit et exprimée par la grammaire de l'amour qui façonne la vie partagée de l'Église en Christ. Les Credos expriment cette foi, et l'Église les confesse non pas par appartenance, mais parce qu'elle en fait déjà partie. L'Esprit, qui a donné à l'Église la foi du Christ, continue de l'entraîner vers une participation plus profonde à l'amour de Dieu. Et parce que cet amour est infini et vulnérable, il grandit et change constamment, s'étendant dans le temps, dans l'espace et dans la chair.

Dans le Nouveau Testament, l'expression paulienne "foi du Christ" (*pistis Christou*) désigne une conception profondément participative du salut. Ce n'est pas seulement la foi au Christ, mais la fidélité du Christ, la confiance et l'obéissance vécues du Fils au Père, qui engagent l'Église. Cette distinction est essentielle pour comprendre la doctrine comme non seulement une croyance en Dieu, mais une participation à la foi même que le Christ exerce dans la confiance et l'amour. Comme le Christ a confiance en l'Esprit, l'Église doit faire de même. Sinon, lorsque l'Église cesse de respirer l'Esprit qui fait d'elle le Corps vivant et respirant du Christ, elle perd la foi et la capacité de s'exprimer dans la grammaire de l'amour et finit par mourir.

John Wesley savait que la foi ne nous appartient pas, mais que Dieu nous la donne. Il ne réduisait pas la foi à un simple assentiment mental. Il voyait plutôt la vraie foi comme une confiance vivante en l'amour de Dieu répandu dans nos cœurs par l'Esprit. C'est pourquoi il insistait sur le fait que toute doctrine doit être une "divinité concrète", un langage façonné par la grâce et orienté vers l'amour saint. Une doctrine fidèle doit prendre chair et vivre dans le monde pour sa vie.

Pourtant, le dogme peut être déformé. Lorsqu'il devient un outil d'exclusion ou de domination, il cesse de fonctionner comme moyen de grâce. Il s'endurcit. Il oublie l'Esprit. Il devient traditionalisme, ce que Jaroslav Pelikan appelait "la foi morte des vivants". Pourtant, la tradition est aussi évolutive, comme un corps qui grandit vers la maturité sous la conduite de l'Esprit, qui entraîne l'Église à une participation toujours plus profonde à l'amour et à la promesse eschatologique de Dieu qui se déploient. La doctrine n'abandonne pas ses origines et ses convictions, mais les approfondit à mesure qu'elle grandit, récapitulant la vérité de Dieu en Christ par l'Esprit (les "deux mains" de Dieu, le Christ et l'Esprit) dans une plénitude toujours croissante. Cette vision de la croissance affirme que la doctrine n'est pas statique, mais qu'elle est une participation en développement à l'œuvre de l'Esprit, mûrissant avec l'Église à mesure qu'elle est attirée plus profondément dans l'amour et le mystère du Dieu trinitaire. Cette vision pleine d'espoir invite l'Église à incarner la foi et à croire que l'Esprit ne laissera pas les doctrines de la foi se dégrader, mais guidera fidèlement l'Église vers une participation plus complète au mystère du Christ. "Là où est l'Esprit, là est l'Église du Christ", s'exclame saint Irénée (*Contre les hérésies*).

Le problème n'est pas que l'Église ait un dogme. Il surgit lorsque ce dogme ne participe plus à la tradition vivante de l'Église, lorsqu'il oublie que l'Esprit Saint est la force animatrice de la tradition, insufflant vitalité et grâce à son témoignage à travers les générations, lorsqu'il cesse de respirer avec la vitalité de l'Esprit. Cette rupture survient lorsque nous oublions que le Corps vivant et respirable du Christ, l'Église catholique, est appelé à grandir et à changer en étant attiré par la promesse de la Nouvelle Création. Et tout comme l'Église mûrit et change, les dons canoniques de l'Esprit, les Écritures et les Symboles de foi, doivent eux aussi participer à cette transformation en cours. Ils ne sont pas des artefacts statiques, mais des témoins vivants de l'amour infini et vulnérable de Dieu, façonnés par et façonnant le cheminement spirituel vers l'avenir promis par Dieu.

L'Église ne rejette ni ne remplace les Credo, pas plus qu'elle ne rejette ni ne remplace le canon des Écritures. Mais elle doit constamment réformer l'usage fidèle de ces dons canoniques. Car ils ne contiennent pas la plénitude de l'amour infini et vulnérable de Dieu; au contraire, ils l'indiquent, nous y propulsent et doivent parfois être eux-mêmes réinterprétés à sa lumière. La promesse de Dieu, confiée dans les Écritures et le Credo, appelle une correction guidée par l'Esprit, non pas pour effacer le passé, mais pour l'accomplir plus fidèlement. À travers l'histoire de l'Église, il y a des moments où les usages hérités doivent céder la place à de nouvelles interprétations, où l'Esprit pousse le Corps à se repentir, à revoir et à redire ce qui a été transmis. De la relecture de la Torah dans l'épître aux Hébreux aux réalités vécues par l'Église d'aujourd'hui, ce schéma se maintient. "La gloire future a déjà commencé", nous rappelle John Wesley. Rien de la foi de l'Église, passée, présente ou future, n'est perdu ou abandonné. Au contraire, tout est transfiguré et renouvelé, afin qu'elle puisse s'épanouir à la lumière de la Nouvelle Création.

La foi ne croît pas uniformément, uniformément ou universellement pour tous, selon un rythme unique. L'amour s'enracine de diverses manières, à travers diverses voix, à différents moments. Mais il grandit toujours et se transforme constamment à mesure qu'il s'étend, selon l'énergie expansive de l'amour divin et cruciforme. Le Créateur trinitaire a confié à l'Église l'usage fidèle de ces dons, ces moyens de grâce, comme instruments par lesquels nous sommes attirés vers notre gloire finale en communion avec Dieu. L'avenir de la création, de l'Église et de Dieu repose sur cette confiance sacrée. Et, selon les mots de Charles Wesley, soyons assurés: "L'Esprit ne nous laissera pas dévier du chemin de la Providence." L'Esprit sera fidèle. Par conséquent, l'Église doit également être fidèle, "ne nuisant pas" (Wesley) aux convictions croissantes et à la diversité vibrante des langues qui cherchent à s'exprimer avec une foi vivifiée par l'amour de Dieu.

La vérité transmise dans l'Église mûrit avec ceux qui la reçoivent. La doctrine, comme la création, se récapitule, atteignant sa plénitude au fil du temps, à mesure que l'Église s'immerge davantage dans le mystère qu'elle confesse. L'amour infini de Dieu ne peut être épuisé ni contenu par la doctrine d'une seule génération. C'est pourquoi l'œuvre de l'Esprit n'est pas de rejeter ce qui a été transmis, mais de l'illuminer, de le développer et de l'inscrire à nouveau dans le cœur et l'imagination des fidèles. Les moyens de grâce – Écriture, Credo, sacrements, icônes, saints – ne sont pas des obstacles à la croissance, mais des tremplins vers le mystère de l'amour de Dieu.

C'est pourquoi la doctrine doit être proclamée avec le feu de l'amour, ou ne pas l'être du tout. Car ce n'est que lorsque la doctrine est allumée dans la vie commune de communion, plutôt qu'imposée comme un contrôle, qu'elle rend un témoignage fidèle du Dieu qui est amour. Ce n'est que lorsque les paroles sont forgées dans la prière, le culte et la vie commune de l'Église qu'elles rendent un témoignage fidèle de Celui qui est amour. La doctrine n'est pas une forteresse à défendre, mais une flamme à entretenir et à partager.

## La doctrine au rythme de la grâce

Une doctrine fidèle ne doit jamais se détacher de l'Église; elle doit toujours croître en elle. La doctrine n'est ni imposée d'en haut ni fabriquée de manière isolée; elle naît, comme nous l'avons déjà affirmé, de la vie d'appartenance commune de l'Église, façonnée par la communion et soutenue par l'amour. Elle se discerne au rythme du culte, de la prière et de la vie commune. Elle se forge en communauté, est affinée par l'amour et animée par l'Esprit.

John Wesley l'avait profondément compris. Pour lui, la foi n'était jamais une réussite individuelle, mais un don de grâce enveloppé dans la Bonne Nouvelle et qui grandit et évolue comme un chant communautaire. C'est pourquoi il insistait sur les réunions de classe, les réunions de groupe et les associations, car la doctrine fidèle se développe mieux dans des cercles de confiance vulnérable et d'amitié durable, où l'Écriture est lue, la prière partagée et l'amour pratiqué. La doctrine naît non pas de la grâce et de l'humilité, mais comme une grâce qui prend forme à travers le langage de la connaissance fidèle par l'amour, une grammaire de l'amour discernée en communauté et façonnée par l'œuvre continue de l'Esprit qui illumine la vérité de Dieu par le culte, la prière et la vie partagée. La riche sagesse des doctrines de l'Église éclaire les multiples façons de connaître par l'amour.

Dans la vision wesleyenne, les moyens de grâce ne sont pas de simples disciplines, mais le don généreux de Dieu lui-même pour former le Christ en nous. Nous ne cherchons pas la vérité par la raison; nous y sommes attirés par l'Esprit, ensemble. L'idée wesleyenne selon laquelle les commandements de Dieu sont revêtus de ses promesses s'inscrit dans la prière d'Augustin et fait écho avec force au thème plus large du chapitre: Dieu donne ce qu'il commande par la grâce vivifiante de l'Esprit dans ses *Confessions*: "Accorde ce que tu commandes, et ordonne ce que tu veux." Ainsi, les doctrines de l'Église sont des moyens de grâce qui incarnent la foi du Christ, imprégnée de l'énergie de l'amour de Dieu, afin que nous prononcions la grammaire de l'amour et atteignions le but promis par Dieu dans la Nouvelle Création. La doctrine, dans cette optique, n'est pas une régulation froide par des codes de conduite rigides ou des catégories de pensée absolues, mais une articulation imprégnée de l'Esprit, une grammaire d'appartenance qui nous invite à une relation avec le Dieu trinitaire. Elle est façonnée par la grâce de Dieu et ordonnée vers l'amour parfait de Dieu.

La doctrine ne doit pas être comprise comme des formules abstraites, mais comme une formation incarnée, visible par exemple dans la catéchèse baptismale, la liturgie eucharistique ou la lamentation communautaire, intégrée aux pratiques de prière, de miséricorde, de culte et de discernement communautaire de l'Église, qui façonnent la vie dans la grâce. L'Église est un lieu de grâce, et la doctrine est l'une de ses pratiques vivantes. De même que nous apprenons à prier, à faire preuve de miséricorde et à adorer, de même nous apprenons à confesser notre amour et notre gratitude envers Dieu et toute la création. La doctrine n'est pas d'abord un acte d'appréhension intellectuelle ou une logique "a priori", mais un langage reçu dans l'amour. De même que nous aimons parce que nous sommes d'abord aimés de Dieu, de même nous connaissons parce que nous sommes d'abord connus de Dieu. La grammaire de la foi née de l'amour devient le langage de la foi de l'Église, toujours façonné par la grâce.

Et parce que la doctrine grandit et se développe au sein du Corps du Christ, son objectif n'est jamais la perfection absolue, mais l'amour parfait qui persévère, dans l'espérance et la confiance fidèle aux promesses de Dieu. La doctrine n'est pas une arme à manier ni un code de pensée à défendre; c'est un moyen de grâce qui nous guide vers la fin promise par Dieu. Elle nous apprend à marcher dans l'amour et à cheminer ensemble. Elle nourrit le cheminement de l'Église dans l'espérance et la confiance, guidant les cœurs vers la communion plutôt que vers le conformisme, invitant à une vie partagée de grâce et de discernement plutôt qu'à une imposition rigide, et favorisant la transformation mutuelle plutôt qu'un accord uniforme. Elle nous apprend à faire confiance avec la même foi et la même confiance que le Christ. Une doctrine sans confiance n'est rien d'autre qu'un mauvais code, une distorsion qui trahit la foi même que le Christ a donnée à l'Église.

L'Église est le Corps vivant et respirant du Christ, animée par l'Esprit et enracinée dans la communion du Dieu Trine. Les doctrines de l'Église doivent respirer du même Esprit qui la fait naître. Elles doivent rester souples, humbles et toujours ouvertes au feu purificateur de l'Esprit. Si nos doctrines ne nous conduisent pas à une plus grande miséricorde, à une humilité plus profonde et à davantage de joie pour la vie du monde, alors nous avons cessé d'écouter Celui qui parle à travers elles.

La doctrine appartient à l'Église non pas comme un artefact, mais comme un compagnon vivant dans le pèlerinage guidé par l'Esprit vers l'avenir de Dieu, animé par l'Esprit qui guide et renouvelle la compréhension de l'Église tandis qu'elle s'enfonce toujours plus profondément dans le mystère de l'amour divin. En parcourant ce chemin ensemble, nous portons la doctrine non pas comme un vestige de certitude, mais comme un témoignage de grâce: non pas de contrôle, mais d'amour; non pas de peur, mais de joie; non pas d'orgueil, mais de confiance.

**L'avenir de la doctrine**

La doctrine n'est pas la fin du dialogue, c'est l'invitation à un nouveau départ, faisant écho au désir de l'Esprit d'une nouvelle grammaire d'amour, née de l'espérance et de la communion, d'une ouverture qui découle de l'œuvre continue de l'Esprit pour entraîner l'Église vers une fidélité et un amour plus profond, premier mot dans le dialogue en cours de l'amour divin, qui traverse le temps et l'espace. Le langage de la foi doit toujours être abordé avec humilité et émerveillement, car Celui que nous confessons est inépuisable. Une doctrine qui oublie son caractère provisoire devient fragile, plus soucieuse de préservation que de transformation.

L'Esprit n'a pas fini de parler. La doctrine doit rester ouverte à l'œuvre continue de l'Esprit, tout comme l'Église a discerné au Concile de Jérusalem (Actes 15) comment les Gentils pouvaient être accueillis dans la communauté de foi sans adhérer à la loi mosaïque intégrale. Ce moment de discernement, où les apôtres confessèrent: "Il a semblé bon au Saint-Esprit et à nous", demeure un modèle d'ouverture doctrinale: l'écoute de l'Esprit, de la tradition et du témoignage vécu de la communauté dans la vie de l'Église et du monde. Cela ne veut pas dire que tout est toujours à prendre, mais que l'Église doit toujours être à l'écoute, discernant la voix de l'Esprit à travers les cris du monde, la beauté de la création, le témoignage des saints et le souffle de la prière. L'Église est la nouvelle manière d'être de Dieu dans le monde, la demeure de l'Esprit, appelée à parler non seulement de ce qui a été, mais aussi de ce qui sera.

L'inséparabilité du passé, du présent et de l'avenir est fondamentale à la vie de la doctrine, reflétant le caractère de l'amour de Dieu, à la fois évolutif et constant, toujours fidèle et toujours nouveau. Le Verbe qui a créé toutes choses par la Parole est le même qui s'est fait chair et qui promet de faire toutes choses nouvelles. Le Créateur n'a pas simplement formé la création comme un contenant statique pour l'action divine, mais comme le lieu même où Dieu partagerait et confierait son avenir à toute la création.

Du commencement à la fin, la création est toujours imprégnée de l'amour de Dieu, un amour qui lie le passé et l'avenir sans séparation, façonnant pour croître, évoluer et s'épanouir de la même manière que Dieu a choisi de croître, d'évoluer et de s'épanouir en communion avec la création. Du premier souffle du Créateur à la future Parole de la Nouvelle Création, tout vit, bouge et respire de l'énergie de l'amour divin. C'est pourquoi notre fin est déjà présente à notre commencement, et notre commencement attend son accomplissement promis à la fin. La doctrine vit dans cette même tension eschatologique. Elle n'est jamais définitive ni figée, car l'amour de Dieu est en perpétuel développement. La doctrine doit grandir et évoluer, non pour trahir son passé, mais pour accomplir la profondeur de sa vocation par la présence directrice de l'Esprit Saint, qui conduit l'Église toujours plus profondément dans le mystère de l'amour divin: une vocation enracinée dans l'amour comme prisme interprétatif de l'Église, et dans la tradition comme communion participative avec l'Esprit qui attire l'Église plus profondément dans le mystère du Christ à travers le temps: pour témoigner d'un amour toujours plus grandissant.

Lorsque nous entendons véritablement la Parole, nous sommes poussés à y répondre, non par une répétition, mais par une parole nouvelle. La doctrine n'est donc pas un écho de la Parole parlée, mais une conversation fidèle, une participation à l'amour divin qui parle, appelle et désire sans cesse notre réponse fidèle d'amour. C'est l'Église qui répond à Dieu et au monde avec le langage de la foi, continuellement enrichi par l'amour, transfiguré par la prière et ouvert à l'irruption de l'Esprit.

John Wesley enseignait que toutes les promesses futures de Dieu sont présentes dans chaque commandement, soulignant sa vision de la grâce comme initiative divine permettant la réponse humaine et reliant l'espérance eschatologique de l'Église à sa participation, animée par l'Esprit, au déploiement de l'amour divin. Autrement dit, lorsque Dieu parle, cela se produit, et l'avenir promis par Dieu est déjà en train de se réaliser. L'espérance n'est donc pas un vague vœu pieux; c'est la présence active de l'Esprit qui nous attire vers la plénitude promise de l'amour parfait. La doctrine, lorsqu'elle vit de cette espérance pleine de foi, devient un véhicule d'imagination et d'amour courageux. La vérité n'est jamais séparable de la beauté et de la bonté; la doctrine doit rayonner de la splendeur de l'amour divin pour rendre un témoignage fidèle. Sa vision de l'esthétique théologique nous rappelle que la doctrine ne se contente pas d'informer; elle doit inspirer, éclairer et nous inviter à participer au drame de l'amour de Dieu qui se déploie dans l'histoire et l'espérance. La doctrine, façonnée par l'amour et transfigurée par la beauté, devient une harmonie qui révèle le rayonnement de la vérité de Dieu, une symphonie de paroles fidèles qui participent à la doxologie, s'unissant à l'adoration et à la louange de l'Église envers le Dieu trinitaire (la vérité est, comme l'a souvent dit Hans Urs von Balthasar, symphonique!). Parler doctrine, c'est donc refléter la beauté du don d'amour de Dieu au monde.

Dans cette optique, la doctrine ne se résume pas à des réponses définitives ni à des credo définitifs. Il s'agit d'une parole fidèle, forgée dans l'amour. Il s'agit de témoigner de l'amour infini et vulnérable qu'est Dieu, d'éternité en éternité. Continuité et changement marquent la vitalité et la santé de la foi de l'Église, qui aspire à s'exprimer selon la grammaire de l'amour de Dieu. La doctrine change, grandit et évolue constamment lorsqu'elle est façonnée par l'amour. Comment pourrait-elle en être autrement? Une doctrine qui grandit dans l'amour contribue à corriger la tradition et à la préserver de la mort, tandis qu'elle avance vers la promesse de la Nouvelle Création. Mais une doctrine fidèle croît aussi en continuité avec la foi vivante de la tradition. Un tel changement doctrinal, au cœur des fluctuations de la vie, ne se contente pas d'abandonner les formulations doctrinales traditionnelles au nom du changement; il perpétue plutôt la foi du passé, permettant à la tradition vivante de s'approfondir et de s'élargir à mesure que l'Esprit entraîne l'Église plus pleinement dans le mystère de l'avenir de Dieu. L'espérance eschatologique est ce qui maintient vivantes les doctrines de la foi, et l'énergie de l'amour de Dieu les anime vers leur fin doxologique.

L'espérance théologique attend avec impatience un temps où doctrine et amour ne feront qu'un, où toutes les langues confesseront et où toutes les voix s'élèveront en harmonie. Telle est la promesse de la Nouvelle Création. La doctrine, dans ce qu'elle a de meilleur, participe à cette promesse non pas en fermant le livre, mais en tournant la page.

C'est pourquoi la doctrine doit être proclamée avec le feu de l'amour, ou ne pas être proclamée du tout, car c'est seulement alors qu'elle peut devenir une doctrine incarnée, un témoignage fidèle de l'amour qui brûle au cœur de l'avenir de Dieu. De même que toute la création soupire, aspirant à contempler le visage de Dieu et à recevoir les paroles d'amour infini et vulnérable de l'irruption de la Nouvelle Création, de même Dieu aspire, avec joie et attente, à entendre de nous une toute nouvelle grammaire d'amour. La doctrine, pour être fidèle, doit naître de ce désir commun: la parole, inspirée par l'Esprit, d'un peuple transfiguré par l'espérance, qui réapprend à parler le langage de la gloire.

La doctrine fidèle ne se dit que par le feu de l'amour. Car toute la création soupire de voir le visage du Père, d'entendre la voix du Fils, de respirer avec l'Esprit qui donne vie au monde. Du plus profond de notre désir et des hauteurs de la miséricorde divine, l'amour parle, risquant des mots nouveaux, élargissant les formes anciennes, allumant une grammaire libérée de la peur mais libérée par la grâce. Et tout comme Dieu parle, Père, Fils et Saint-Esprit, de même Dieu aspire à nous entendre: un son nouveau s'élevant de la communion des saints, un langage né d'une joie blessée et d'une espérance rayonnante, une doctrine transfigurée par l'amour qui renouvelle toutes choses.

## Chapitre deux
## La doctrine comme langage de la foi née de l'Esprit

**Le besoin de parler, la foi cherche le langage**

La foi, une fois éveillée par l'Esprit, ne peut rester silencieuse. Elle brûle de parler, à la flamme de l'amour de Dieu. Comme l'affirme Augustin dans les *Confessions* (X.6.8), l'âme qui aime Dieu aspire à chanter. Ce désir de chanter trouve ses racines dans sa théologie profonde du désir et de la mémoire, où la mémoire n'est pas un simple souvenir, mais la chambre intérieure de l'âme où Dieu demeure et parle. La doctrine, dans cette optique, est l'acte fidèle de l'Église qui se souvient avec amour, nomme et répond à ce que l'Esprit a éveillé dans l'âme. De même que le cœur d'Augustin était inquiet jusqu'à ce qu'il trouve le repos en Dieu, de même la doctrine naît du désir du cœur de nommer et de louer le Dieu qui nous a aimés le premier. De même que le Verbe appelle toute la création à l'existence, ce même Verbe est l'Amour qui est Dieu, et cet Amour qui incarne la foi cherche à s'exprimer. Lorsque la foi commence à s'exprimer avec la grammaire de la grâce, elle ne commence pas par un assentiment intellectuel à une croyance, ni même par une appréhension d'idées abstraites. Elle commence par s'ouvrir à l'extérieur pour s'exprimer par des actes de miséricorde et de compassion et, si nécessaire, par des paroles pleines de sens et de gratitude pour un amour si indescriptible.

La foi est toujours en quête d'un langage, non pas pour contrôler le mystère, mais pour répondre à l'amour infini et vulnérable de Dieu qui grandit dans le cœur des croyants. C'est le désir de nommer ce qui a été ressenti, de confesser ce qui a été révélé, de louer le Dieu qui a déjà parlé. La doctrine commence ici: la foi en quête de mots dans le sillage de l'amour de Dieu. Et l'Écriture, témoignage inspiré par l'Esprit de l'action de Dieu dans le monde, offre à l'Église son langage d'amour fondamental.

**Le credo comme confession, premier langage de l'amour**

Les premiers credo de l'Église n'étaient pas des instruments de contrôle. C'étaient des confessions d'émerveillement, un langage formé au cœur d'un peuple en prière, façonné dans le creuset de l'adoration, du témoignage, de la persécution et de la louange. Avant que la doctrine ne soit définie, la foi était confessée.

La "Règle de foi" (*regula fidei*), expression employée par Irénée et Tertullien, n'était pas une liste de contrôle, mais une mémoire vivante de la rencontre de l'Église avec le Dieu révélé en Jésus-Christ. Elle était transmise sous forme doxologique, répétée dans les liturgies baptismales, murmurée par les martyrs et chantée dans les catacombes. Comme l'exprime Irénée dans *Contre les hérésies* (1,10.1; 3,4.2), cette transmission n'était pas une répétition stérile du dogme, mais la mémoire vivante de l'amour, une doctrine façonnée par la rencontre intime de l'Église avec le Christ crucifié et ressuscité. Pour Irénée, la règle de foi constituait une protection contre toute déformation, non par la coercition, mais en ancrant la proclamation de l'Église dans le récit de l'amour divin révélé en Jésus. C'était la théologie comme mémoire, et non la manipulation; la doctrine comme mémoire de l'amour.

Les credo ont commencé comme des prières communautaires qui défendaient le cœur de l'Évangile au milieu de revendications concurrentes et de distorsions rampantes. Le Credo des Apôtres et le Credo de Nicée sont nés non pas d'une soif de contrôle, mais d'un besoin pastoral d'exprimer une foi partagée en un Dieu trinitaire. Chaque credo est né de circonstances historiques et ecclésiales distinctes, répondant à la confusion théologique, aux préoccupations pastorales et à la nécessité de préserver l'unité face à la diversité croissante au sein de l'Église primitive. Ces credo étaient la poésie de la foi de l'Église, des réponses soigneusement élaborées à l'amour divin.

Avant même les confessions de foi officielles, un autre credo vibrait dans les premiers rassemblements, une confession que saint Paul cite peut-être dans Galates 3,28: "Il n'y a plus ni Juif ni Grec… car tous vous êtes un en Jésus-

Christ." Galates 3,28 remettait en question les hiérarchies sociales dominantes en dissolvant les distinctions ethniques, sociales et de genre en Christ. Il redéfinissait l'appartenance, non pas par la citoyenneté romaine ou l'ordre patriarcal, mais par le baptême, en une communauté radicalement inclusive, façonnée par l'amour libérateur de l'Esprit. Cette confession paulinienne primitive proclamait une nouvelle identité fondée sur la solidarité divine et l'égalité ecclésiale. Elle proclamait l'appartenance, remodelait l'identité et fondait l'unité dans l'amour de Dieu.

La doctrine n'a jamais eu pour but de diviser, mais d'unifier. Elle exprimait la réalité d'un peuple devenu une nouvelle création, un Corps vivant du Christ, enraciné dans l'unité du Dieu trinitaire. John Wesley a fait écho à cette idée en qualifiant l'Église de "nouvelle demeure de Dieu dans l'Esprit", une expression ancrée dans ses *Notes* sur Éphésiens 2:22, où il interprète cela comme l'Esprit formant les croyants en une demeure pour Dieu par l'intimité et l'amour mutuels, soulignant la présence de l'Esprit parmi les fidèles. Cette idée se reflète également dans ses sermons, tels que "L'Esprit catholique" et "Le christianisme scripturaire", où Wesley relie la vraie foi non pas à des formes institutionnelles, mais à une communauté animée par l'amour divin et une conversation sainte. Pour Wesley, la doctrine n'a jamais été détachée de cette vision communautaire et spirituelle de l'Église. La doctrine est donc le langage de l'amour, de la communion avec Dieu, les uns avec les autres et avec toute la création.

Les credos, dans leur meilleur état, disent: "Nous avons vu le Seigneur. Nous avons connu son amour. C'est notre témoignage." Ils s'inclinent devant le mystère. Ce sont les paroles de l'Église pour l'indicible, façonnées dans l'adoration et la prière.

John Wesley valorisait les credo historiques, mais pas comme des portes de l'orthodoxie à surveiller. Son inclusion du Credo des Apôtres dans le service dominical des méthodistes de 1784 démontre qu'il concevait les credo comme des instruments de dévotion et de formation plutôt que comme des guides de dévotion. Il les incluait dans le culte méthodiste non pas comme une épreuve, mais comme un moyen de grâce. Pour Wesley, les credo appartenaient au langage de la prière et de la sainteté.

Il en va de même pour les hymnes de Charles Wesley, qui fonctionnent comme des credo lyriques. Par exemple, dans "And Can It Be", Wesley proclame: "My chains fall off, my heart was free, I rise, went forward, and followed thee", une déclaration crédo de libération, de justification et de discipulat sous forme poétique. "And can it be", "Love divine" et "Come, Thou long-expected Jesus" sont des confessions chantées, puissantes non seulement par leur précision doctrinale, mais aussi par leur aspiration doxologique.

Parler des credos de l'Église comme d'une confession doxologique conduit naturellement à une question plus profonde: comment l'Église soutient-elle, façonne-t-elle et transmet-elle ce langage de l'amour à travers les générations? La réponse est la doctrine, grammaire de l'appartenance à la foi, forgée dans la communion et vécue en communauté.

## La doctrine comme grammaire de l'appartenance

En considérant les credo comme les premières confessions d'amour de l'Église, la question se pose naturellement: comment un tel langage est-il appris et entretenu? La doctrine fonctionne comme la grammaire de cette foi, reliant identité, mémoire et communauté dans un discours façonné par l'Esprit. S'appuyer sur des théologiens qui approfondissent cette vision peut nous aider à considérer la doctrine non seulement comme une grammaire, mais aussi comme une formation, une imagination et une communion.

Si la foi de l'Église confessée dans le Credo est une poésie de l'amour, alors les doctrines de la foi de l'Église contiennent assurément la grammaire de l'appartenance. Il ne s'agit pas de créer des frontières doctrinales pour elles-mêmes, mais de créer un espace pour la communion, le dialogue et l'imagination. La doctrine permet à l'Église de nommer sa vie en Dieu, de préserver sa mémoire et de transmettre sa foi dans un langage qui invite plutôt qu'il n'exclut.

Cette grammaire n'est pas détachée de la vie; elle s'apprend par l'appartenance. La doctrine n'est pas simplement propositionnelle. Elle est relationnelle. Elle ne se contente pas d'énoncer la vérité, mais forme un peuple qui vit en vérité dans l'amour. C'est pourquoi la doctrine s'apprend en communauté; elle s'apprend autant qu'elle s'enseigne. La confession doctrinale n'est jamais seulement cognitive, mais profondément confiante. C'est un acte de confiance en Dieu qui se révèle dans la relation, façonnant l'imagination morale et relationnelle de l'Église, elle façonne notre façon de vivre les uns avec les autres avant de définir nos croyances. Elle est relationnelle, participative et ancrée dans le culte et le témoignage de la communauté. L'objectif n'est pas la maîtrise, mais la participation. Connaître les doctrines de l'Église, ce n'est pas simplement les réciter, mais se laisser entraîner par leur musique, leur mouvement, leur signification.

C'est pourquoi la vitalité doctrinale dépend de la présence de l'Esprit. Lorsque l'espace ecclésial permettant des échanges évolutifs sur la foi et l'imagination se perd, la doctrine devient statique et restrictive, et bientôt, elle finit par étouffer la vie de la foi, animée par l'animosité de l'amour. Une doctrine qui ne respire plus n'est plus fidèle. Elle doit rester souple, réactive et enracinée dans la communion permanente de l'Esprit.

Le théologien George Lindbeck a qualifié la doctrine de "cadre culturel et linguistique", la contrastant avec les approches plus propositionnelles de la théologie évangélique et l'approche expérientielle de la théologie libérale. Son modèle souligne que la doctrine consiste moins à énoncer des vérités objectives ou à exprimer une expérience intérieure qu'à habiter le langage et les pratiques d'une communauté qui forment un mode de vie cohérent, une sorte de grammaire par laquelle l'Église apprend à parler de Dieu avec vérité et fidélité d'elle-même. Dans *La Nature de la Doctrine*, Lindbeck oppose trois modèles de doctrine: le modèle cognitivo-propositionnel, qui considère la doctrine comme un ensemble d'énoncés de vérité universelle; le modèle expérientiel-expressif, qui considère la doctrine comme l'articulation symbolique de l'expérience religieuse intérieure; et le modèle culturel et linguistique, qui traite la doctrine comme le langage et la grammaire communautaires qui forment un mode de vie religieux. Ce dernier modèle met en évidence comment la doctrine fonctionne non pas principalement pour exprimer des propositions ou des sentiments, mais pour façonner l'identité communautaire et l'imagination théologique au sein d'une tradition vivante. Comme toute langue, la doctrine s'apprend en communauté, à travers la liturgie, l'Écriture, les sacrements et le service. L'objectif n'est pas simplement de connaître les mots justes, mais de s'en inspirer, de laisser l'amour s'exprimer à travers le langage commun de la foi.

Un tel amour préserve la mémoire sans se figer. En ce sens, la doctrine non seulement parle, mais forme aussi l'Église à vivre ses amours les plus profonds. Jaroslav Pelikan nous a rappelé que "la tradition est la foi vivante des morts", tandis que "le traditionalisme est la foi morte des vivants". La doctrine vit lorsqu'elle respire, lorsqu'on lui permet de parler en de nouvelles langues et de résonner avec les expériences de chaque génération. La doctrine, dans son sens le plus profond, est la tradition vivante, la foi qui continue de parler, qui répond toujours à la présence de l'Esprit dans l'Église.

La doctrine ne se résume jamais à des idées. Elle est affaire d'identité, de mémoire et de relation. Elle nous dit qui nous sommes, à qui nous appartenons et comment nous devons vivre. L'Église primitive n'a pas développé sa doctrine de manière abstraite; elle l'a fait pour rester fidèle au Dieu qu'elle avait connu en Christ et pour préserver l'unité d'amour que l'Esprit avait créée entre elle.

La doctrine est donc la grammaire de l'amour, exprimée non seulement à propos de Dieu, mais en Dieu. Les formations doctrinales émergent des profondeurs contemplatives, façonnant non seulement le langage, mais éclairant aussi la signification théologique du genre, du pouvoir et de l'identité ecclésiale, de l'ouverture priante à l'Esprit, où le désir, le silence et la communion façonnent un langage fidèle. La contemplation n'est pas un retrait passif, mais une posture transformatrice qui génère clarté théologique et perspicacité doctrinale. Dans cette perspective, la prière devient le creuset où le langage sur Dieu est purifié, façonné et nourri. Elle nous entraîne au rythme de la Trinité, une communion divine de don et de réception mutuels. Et comme l'a insisté John Wesley, la vraie doctrine n'est pas une question de spéculation, mais de transformation. Elle vise à renouveler nos esprits, à façonner nos cœurs et à nous donner les moyens de vivre une vie sainte empreinte d'amour.

C'est pourquoi, pour Wesley, l'épreuve de la doctrine était toujours son fruit dans la vie du croyant et de la communauté. Si elle ne construisait pas, n'édifiait pas et ne sanctifiait pas, elle devait être réexaminée. L'amour était la mesure.

En même temps, Wesley comprenait les risques. La doctrine devient dangereuse lorsqu'elle est détachée de la communauté, détachée de l'amour et utilisée comme un outil d'exclusion. Mais lorsque la doctrine reste ancrée dans la prière, la louange et la vie sacramentelle, elle devient un langage qui nous entraîne plus profondément dans l'union avec Dieu et les uns avec les autres.

Confesser la doctrine, ce n'est donc pas simplement affirmer ce que nous croyons, c'est adhérer au discours commun de l'Église. C'est dire: voilà qui nous sommes. Voilà comment nous vivons l'amour et établissons notre appartenance.

### Le dogme et le risque du contrôle

Le dogme est la foi confessée de l'Église, l'expression affirmée de ses convictions les plus profondes sur l'amour de Dieu et la forme du salut. Mais lorsque le dogme est perçu à tort comme un outil de contrôle plutôt que comme un témoignage d'amour, il devient fragile et dangereux.

La règle de foi a précédé et façonné la formation du canon des Écritures par l'Église, soulignant que c'est l'expérience vécue du Christ ressuscité par l'Église primitive qui a généré l'autorité du canon, et non l'inverse. Cette identité préalable dans la foi et la fidélité du Christ est essentielle à toute lecture et interprétation fidèles des Écritures. L'Esprit est la source de la règle de foi de l'Église, qui précède à la fois les Symboles de foi et les Saintes Écritures. Lorsque l'Église oublie cela et commence à utiliser ces dons comme des instruments de préservation institutionnelle plutôt que de communion divine, elle cesse d'être une intendante fidèle de la grâce.

L'histoire nous offre des rappels qui donnent à réfléchir: de l'Inquisition aux justifications théologiques de la conquête coloniale et de l'asservissement des peuples autochtones dans des doctrines comme la "Doctrine de la Découverte". Le dogme a été détourné pour préserver le pouvoir plutôt que pour servir l'amour. Et lorsque cela se produit, les sacrements en pâtissent. Lorsque les frontières doctrinales deviennent des outils d'exclusion, les fonts baptismaux deviennent une porte au lieu d'un accueil, la table, une barrière au lieu d'un festin. L'exclusion des femmes et des laïcs de la voix et du leadership théologiques révèle comment le détournement du dogme sape les dons de l'Esprit à l'ensemble du Corps.

Pourtant, même ici, la grâce nous appelle. La substance de la foi est l'amour, l'amour de Dieu. Non pas des affirmations de vérité abstraites, ni des idées conceptuelles sur Dieu, mais l'amour infini et vulnérable qu'est Dieu. Cela signifie que la foi qui nous est donnée par l'énergie de l'amour se déploie et s'étend sans cesse; la vérité est l'amour infini et vulnérable qu'est Dieu. À mesure que nous grandissons en communion avec Dieu, nos expressions de foi doivent également grandir et s'élargir. Comment pourrait-il en être autrement lorsque notre foi est imprégnée de l'énergie de l'amour infini et vulnérable de Dieu?

Le "tripied" de Richard Hooker, souvent cité, composé de l'Écriture, de la Raison et de la Tradition, décrit une hiérarchie structurée sur laquelle la doctrine de l'Église s'appuie et se développe au fil du temps. Pour Hooker, l'Écriture détient l'autorité première; la raison, éclairée par la grâce, sert à l'interpréter; et la tradition, mémoire commune de l'Église, est façonnée et corrigée par les deux. Ce modèle a préservé l'intégrité du témoignage théologique de l'Église à travers les générations. Pourtant, il est crucial de rappeler qu'avant l'existence d'un canon de l'Écriture ou d'un Credo de l'Église, il y a eu l'expérience du Christ ressuscité, une rencontre avec l'amour infini et cruciforme de Dieu. C'est cette rencontre, inspirée par l'Esprit, qui a donné naissance à la foi et à la grammaire de l'amour de l'Église. John Wesley, héritant du cadre anglican de Hooker, a confirmé cette structure, mais y a ajouté l'expérience comme dimension essentielle, non pas pour privilégier la subjectivité individuelle ou privée, mais pour souligner que la doctrine naît de l'œuvre continue de l'Esprit dans la rencontre vécue. Selon Wesley, la théologie ne commence pas par des principes abstraits, mais par la présence transformatrice du Dieu trinitaire, qui doit être connu, aimé et adoré.

Cependant, à mesure que les Lumières accordaient une importance croissante à la rationalité au sein de l'Église d'Angleterre, des doctrines comme la Trinité furent souvent mises de côté, considérées davantage comme des énigmes intellectuelles que comme des invitations à la vie divine. C'est précisément contre cette tendance rationaliste que William J. Abraham proposa sa célèbre critique du Quadrilatère wesleyen, popularisée par Albert C. Outler. En réponse, il proposa le "théisme canonique", un cadre théologique fondé non sur des critères abstraits, mais sur les pratiques vécues et les structures faisant autorité de l'Église historique.

Abraham a averti que lorsque l'Écriture, la Tradition, la Raison et l'Expérience sont traitées comme des sources ou des critères de vérité indépendants, elles favorisent l'orgueil théologique et diluent la primauté de la révélation divine. Au contraire, affirmait Abraham, ces quatre éléments doivent être compris comme des moyens de grâce, des canaux par lesquels l'Esprit attire l'Église en communion avec le Dieu vivant. Ils ne possèdent aucune autorité autonome; leur signification n'apparaît que dans la mesure où ils sont animés par l'Esprit. Dans cette optique, la doctrine, façonnée dans l'humilité et fondée sur l'amour, devient non pas un système de contrôle, mais une invitation participative à l'avenir de Dieu. La véritable autorité de l'Église n'est pas le quadrilatère lui-même, mais le Dieu qui parle à travers lui, et dont la Parole finale, comme l'atteste l'Écriture, est l'Amour (1 Jean 4:8).

Quand la doctrine est figée, elle devient une idole. Mais lorsqu'elle respire l'Esprit, elle devient une source inépuisable: elle nourrit la foi, approfondit la communion et guide l'Église dans l'amour. Même nos formulations les plus chères doivent être accueillies à bras ouverts, toujours soumises à l'œuvre d'amour purifiante de l'Esprit. Le conservatisme peut préserver la valeur, mais lorsqu'il refuse le risque, il révèle un manque de foi. La foi vit du lâcher prise et de l'écoute renouvelée.

Le dogme ne meurt pas lorsqu'il est examiné avec amour; il meurt lorsqu'il est traité comme intouchable, car il se prétend certain de sa foi et oublie que seul l'Esprit soutient la doctrine comme vérité vivante dans la communion. L'Église doit se rappeler: les Credo ne sont pas des fins en soi. Ils sont des échos de la Parole, des signes sacramentels qui se transcendent, comme Wesley l'affirmait dans leur usage dévotionnel et comme les Pères de l'Église l'ont souvent pratiqué dans leur formulation doxologique. La Parole ne peut jamais être contenue ni épuisée. L'Esprit continue de parler.

Mais le dogme ne doit pas devenir un poids mort. Bien accueilli, il revient à son origine, empreint de respect. Après tout, le but de toute doctrine n'est pas de maîtriser la vérité, mais d'adorer le Dieu qui est Amour. Nous sommes maintenant attirés par le but le plus profond de la doctrine: la louange.

**La doctrine comme doxologie**

Si la doctrine est le langage de la foi de l'Église, elle doit retourner à sa source la plus profonde: la louange. Tout discours vrai sur Dieu doit finalement devenir doxologie.

La doctrine n'est jamais qu'une simple définition. Au mieux, c'est la dévotion rendue intelligible. C'est la théologie qui se transforme en prière, la réflexion laissant place à l'adoration. Les hymnes de Charles Wesley sont des confessions mises en musique, des credo lyriques destinés à être gravés dans le cœur.

Pour John Wesley, la doctrine n'était pas seulement ce que l'Église croyait, mais comment elle croyait. Si la doctrine ne mène pas à l'adoration, il manque quelque chose. La doctrine devient doxologie lorsqu'elle passe de ce que nous défendons à ce qui nous réjouit, non pas parce que nous possédons la vérité, mais parce que nous avons été possédés par la Vérité qui est Amour.

Lorsque la doctrine oublie ses racines doxologiques, elle devient défensive et aride. La véritable clarté doctrinale naît non pas d'une certitude polémique, mais d'une ouverture contemplative, une attitude particulièrement vitale à une époque de polarisation doctrinale, où l'attention priante peut ouvrir des voies de communion plutôt que de division, une profondeur d'attention priante qui intègre l'apophasie et la vulnérabilité genrée comme éléments centraux de la tâche théologique, cette attention aimante dans la prière qui façonne l'âme avant de façonner la phrase. Mais lorsqu'elle se souvient de sa source, elle devient un moyen de grâce, nous aidant à nommer le Dieu qui parle encore.

La doctrine est prière. C'est la longue et ininterrompue prière de confiance de l'Église, tissée dans sa liturgie quotidienne, exprimée dans ses credos et soutenue par l'Esprit à travers des siècles de louange. Chaque fois que nous disons "Je crois", nous entrons en relation. Nous unissons nos voix à celles de l'Église de tous les temps pour adorer le Dieu qui nous a aimés le premier.

C'est pourquoi la forme trinitaire de la foi wesleyenne est si importante: elle ancre la doctrine dans l'humilité et la louange, nous rappelant que tout langage théologique découle de l'amour mutuel du Père, du Fils et de l'Esprit. Tout vient du Père, se révèle dans le Fils et est répandu dans nos cœurs par l'Esprit. Tel est le cercle éternel d'amour qui anime la doctrine.

Le test ultime d'une doctrine n'est pas de savoir si elle est systématique, mais si elle nous aide à aimer. Apporte-t-elle de la joie? De l'humilité? De l'émerveillement? Peut-elle encore chanter?

La doctrine n'est pas un mur, c'est une fenêtre. Non pas une cage, mais une bougie. Comme l'enseignait John Wesley, la doctrine est un moyen de grâce, un moyen par lequel la lumière de l'amour de Dieu rayonne dans nos vies, nous invitant non pas à la retenue, mais à la communion. Elle reflète la Lumière du monde. Lorsqu'elle nous conduit à la louange, aux larmes, à l'agenouillement, elle a rempli sa fonction.

Et pourtant, l'Église ne vit pas seulement de mémoire. De même que la doxologie lève les yeux vers la promesse, la doctrine fidèle doit elle aussi se tourner vers l'espérance. Quel est donc l'avenir de la doctrine? Quel genre de discours fidèle servira le monde à venir?

**La foi et la doctrine dans l'avenir de l'Église**

L'Esprit de Dieu conduit toujours l'Église en avant, non pas en s'éloignant de ses fondements, mais en y pénétrant plus profondément. À l'image de la création qui soupire après la rédemption dans Romains 8, ou de la Nouvelle Jérusalem qui descend dans Apocalypse 21, l'Église avance vers l'avenir promis par Dieu non pas en s'éloignant de ses racines, mais en y pénétrant plus profondément avec une espérance pleine d'espoir. La doctrine, lorsqu'elle est fidèle, devient l'écho de cette poussée en avant, un témoignage de l'Esprit qui renouvelle toutes choses. Une doctrine fidèle participe toujours à ce mouvement en avant des soupirs de la création et de la promesse d'une Nouvelle Création.

Jürgen Moltmann, l'auteur renommé de *Une théologie de l'espoir,* nous rappelle que "le christianisme est une eschatologie" et que la doctrine qui résiste au changement échoue non seulement parce qu'elle est fausse, mais plus fondamentalement parce qu'elle oublie cette vérité chrétienne propulsée par les brises porteuses de l'espoir.

En regardant vers l'avenir, nous devons nous demander: quelle doctrine parlera à un monde blessé? Un monde marqué par l'effondrement écologique, la division raciale, les inégalités économiques et la désillusion spirituelle réclame non pas des abstractions, mais une vérité incarnée. Les théologies de l'exclusion, du triomphalisme ou du rationalisme froid ne peuvent guérir de telles blessures. Ce qu'il faut, c'est une doctrine qui s'incline dans l'amour, parle avec lamentations et espérance, et témoigne du Christ crucifié et ressuscité dont les blessures rayonnent désormais de gloire.

Notre théologie peut-elle encore susciter la confiance, susciter la joie et proclamer l'appartenance?

Par la puissance de l'Esprit, la réponse est oui.

Oui, car les credo sont nés de l'amour, et cet amour continue de parler. Oui, car le feu qui a allumé nos doctrines ne s'est pas éteint. Oui, car l'Esprit qui a formé l'Église continue de la guider.

L'avenir de la doctrine appartient à ceux qui accueillent le passé comme un don et une promesse, non comme une relique à préserver, mais comme une semence vivante à cultiver. Cette résonance ouvre la voie à de nouvelles formes de doctrine façonnées par la présence de l'Esprit en des lieux inattendus, à une théologie écologique à l'écoute des gémissements de la création, à un dialogue interreligieux qui honore le désir mutuel de vérité, à des liturgies numériques qui portent la louange au-delà des frontières. L'avenir de la doctrine s'exprimera en de multiples langues et sera porté par des communautés qui osent croire que l'amour a toujours plus à dire. La tradition ne vit pas comme répétition, mais comme résonance.

Geoffrey Wainwright a dit un jour que "la théologie, pour être saine, doit chanter", reflétant sa conviction que le culte et la vision eschatologique ne sont pas des options, mais essentiels à la vitalité et à la solidité de la doctrine. La doctrine doit se joindre au chant éternel de l'Église, une doxologie anticipant la plénitude de l'amour à venir.

John Wesley enseignait que l'Église doit toujours tendre vers la perfection, non seulement par aspiration personnelle, mais aussi comme une vocation communautaire façonnée par des pratiques partagées de grâce et d'amour, non par orgueil, mais par amour. Il imaginait un peuple dont la doctrine était sainte, dont le cœur était enflammé, dont la vie était une liturgie de grâce.

Ainsi, nous revenons à l'Esprit et à la Parole. L'Église n'est pas une institution gardienne de la vérité, mais une communion dans l'Esprit, un avant-goût de la vie eschatologique où la doctrine résonne avec la liberté de l'amour divin. À une Église rassemblée en prière, enflammée d'affection divine, apprenant encore à dire ce que l'amour a révélé. Nous revenons à la doctrine comme langage d'espérance et de saint désir, né de l'Esprit.

Et ainsi l'Église chante:

*Nous croyons en l'Amour fait chair,*
*Qui a parlé dans le feu et murmure encore dans la flamme.*
*Nous croyons en l'Esprit, toujours nouveau,*
*Insuffler de vieilles vérités dans les langues futures et des vérités*
*futures dans les anciennes.*
*Nous croyons en l'Église, grammaire vivante de la grâce de Dieu,*
*Toujours parlant, toujours en train de devenir,*
*Toujours en écho à la joie du monde à venir.*

L'avenir de la doctrine n'est pas un système de contrôle, mais un chant de foi, une mélodie d'espérance qui se tourne vers l'avenir proche de Dieu. Il ne se limite pas à la préservation, mais est composé en anticipation, façonné par le Christ ressuscité, dont le triomphe sur la mort nous assure que l'amour aura le dernier mot. Un chant porté par l'Esprit, résonnant vers le renouveau de toutes choses, une Église qui incarne la doctrine comme sa confession de foi vivante.

Alors que l'Église avance dans le monde, la grammaire de la doctrine doit s'incarner dans le témoignage de l'amour.

Ainsi, l'Église espère: non pas dans la nostalgie, mais dans la Nouvelle Création. Non pas dans la maîtrise, mais dans la miséricorde. Non pas dans la certitude, mais dans la communion. Nous croyons que l'Amour infini et vulnérable qu'est Dieu survivra au tombeau, que l'Esprit nous apprendra à chanter à nouveau, et que la doctrine, comme un souffle, s'élèvera avec joie dans toutes les langues, vers la Lumière du lendemain de Dieu.

## Chapitre Trois
## Doctrine incarnée
### L'Église comme confession de foi vivante

**De la communion au Credo**

La doctrine naît de la vie partagée d'amour, non comme condition préalable, mais comme expression, remettant en question toute conception qui la considérerait comme un ensemble de propositions préalables. C'est l'amour qui précède et engendre le besoin d'articulation. En ce sens, la doctrine n'est pas une porte d'entrée vers l'appartenance, mais le langage qui en naît, un langage forgé dans la communion et non dans l'abstraction. La doctrine est un témoignage vivant de la foi et de la fidélité au Christ, exprimé à travers les pratiques communautaires de l'Église et soutenu par ses habitudes de grâce.

Nous ne parlons pas pour appartenir. Nous parlons parce que nous appartenons déjà à Dieu. Dans l'économie de l'amour de Dieu, la communion précède la confession. Le feu de l'amour divin descend non pas comme une récompense pour une juste croyance, comme la Pentecôte le révèle si vivement, mais comme la présence génératrice qui crée la possibilité même de la foi. De cette sainte communion, *koinonia*, nous sommes attirés, éveillés et rassemblés dans la vie partagée de Dieu. Et c'est seulement alors, lorsque l'amour prend racine en nous, que nous ressentons le besoin du langage pour exprimer ce qui est déjà devenu réalité.

Tel est le véritable ordre de la connaissance et de l'amour dans l'Église: de la communion à la foi, de l'appartenance à la croyance, de la communion au credo, une séquence qui incarne la logique même du titre de ce chapitre, "La doctrine incarnée". Il affirme que la confession doctrinale de l'Église n'est pas d'abord un assentiment intellectuel, mais une réponse vécue à la grâce déjà reçue et partagée. La grande tentation du christianisme institutionnel a toujours été d'inverser ce courant, d'insister sur le fait que la confession doit venir en premier, que la doctrine juste est le sésame pour l'appartenance. Mais ce n'est pas ainsi que l'Église primitive s'est formée. Ce n'est pas non plus ainsi que l'Esprit agit.

Les premiers credos n'ont pas été conçus comme des instruments de contrôle, mais comme des réponses à la grâce. Ils continuent d'offrir à l'Église un modèle de témoignage doctrinal fondé sur la communion vécue et soutenu par l'Esprit, une confession vivante que l'Église doit encore incarner aujourd'hui, façonnée par la vie d'un peuple ayant rencontré le Christ ressuscité. Ils sont issus de communautés d'adoration, de prière et de souffrance, baptisées dans l'eau, le feu et l'Esprit. La règle de foi, telle qu'elle circulait aux IIe et IIIe siècles, s'est transmise non pas par le biais de débats systématiques, mais à travers la vie liturgique et la mission de l'Église. La tradition orthodoxe s'est forgée non seulement dans la polémique, mais dans la mémoire vivante de personnes priantes qui connaissaient la vérité de l'Évangile parce qu'elles avaient fait l'expérience de son amour. Tel est le modèle de vérité qui suit la logique salvifique de l'Évangile, le modèle selon lequel l'amour précède la connaissance, la grâce précède la formulation, et la doctrine découle de l'œuvre transformatrice de l'Esprit dans la vie de l'Église.

La formation doctrinale des premiers chrétiens se faisait par le biais des rites baptismaux, de la catéchèse et des prières eucharistiques, plutôt que par des formules imposées. Ainsi, les credos ne créaient pas l'unité de l'Église, ils la nommaient. L'Église était déjà unie par l'Esprit qui répandait l'amour de Dieu dans leurs cœurs. Et avec le temps, le peuple de Dieu commença à s'exprimer: "Nous confessons dans les Credos que nous croyons en un seul Dieu…", non pas pour établir une formule d'acceptation et d'appartenance, mais pour exprimer l'amour qui brûlait déjà parmi eux.

Le Symbole des Apôtres, le Symbole de Nicée et même les premières confessions baptismales sont nés de cette communion trinitaire imprégnée d'amour. Les premiers symboles chrétiens sont nés naturellement pour façonner la mémoire et maintenir l'unité, non pas pour remplacer le mystère par le contrôle, mais pour le préserver dans un langage commun. Ils exprimaient une communion déjà vivante de grâce. La véritable contagion résidait dans la communion et la fraternité avec Dieu et entre eux, et le langage de la foi exprimé dans leurs doctrines et leurs symboles a été forgé pour entretenir ce feu d'amour unitif dans ces amitiés avec Dieu et entre eux, pour la vie du monde.

Cette dynamique d'amitié et d'appartenance trouve l'une de ses expressions les plus anciennes et les plus puissantes dans l'affirmation d'Irénée selon laquelle la gloire de Dieu réside dans l'être humain pleinement vivant en communion avec Dieu, dans ce qui est peut-être le premier credo chrétien: "Il n'y a plus ni Juif ni Grec, ni esclave ni libre, ni homme ni femme; car tous vous êtes un en Jésus-Christ" (Galates 3, 28). Au fond, il ne s'agit pas d'une proposition métaphysique, mais d'une confession d'appartenance radicale. Elle fait écho à la prière du Grand Prêtre pour l'unité du peuple de Dieu (Jean 17), révélant que le premier credo chrétien était déjà façonné par la communion et enraciné dans la prière. Une telle confession naît non pas d'une spéculation abstraite, mais de l'expérience vécue de l'Esprit répandu sur toute chair. C'est la voix d'une Église éveillée à une réalité nouvelle, l'unité de toutes choses en Christ, même au cœur de différences radicales. Ainsi, le premier témoignage doctrinal de l'Église n'est pas un système d'idées, mais une proclamation d'amour inspirée par l'Esprit: tous appartiennent, tous sont un, tous sont unis dans la vie réconciliatrice du Christ.

Inverser cette logique, exiger le credo avant la communion, revient à violer la logique même de la grâce. C'est traiter l'amour comme conditionnel et l'appartenance comme transaction. Or, l'Église est née à la Pentecôte, et non à Nicée. C'est le feu de l'Esprit, et non la précision de nos formulations, qui rassemble le peuple de Dieu et donne naissance à la foi.

La tradition ne vit que lorsqu'elle reste fidèle à son origine, non pas simplement comme mémoire, mais comme incarnation. Il nous faut distinguer soigneusement la tradition qui donne vie du traditionalisme qui l'éteint. Une tradition vivante devient ce que Jaroslav Pelikan appelle "la foi vivante des morts" lorsqu'elle est continuellement ravivée par le feu de l'amour. Nous devons adopter une troisième image: la tradition comme icône, fenêtre ouverte sur le mystère de Dieu. En ce sens, la tradition de l'Église n'est pas seulement une mémoire doctrinale, c'est un moyen vivant de grâce, un instrument par lequel les fidèles rencontrent le mystère du Christ dans la puissance de l'Esprit. Cela renforce l'affirmation du chapitre selon laquelle la doctrine, comme la tradition, doit naître de la communion et être façonnée par l'œuvre continue de l'Esprit dans la vie de l'Église. Ce type de tradition naît de la communion et déborde toujours vers la doxologie.

C'est pourquoi John Wesley a pu insister sur la priorité ontologique de l'amour en toutes choses. Pour Wesley, le Saint-Esprit est l'agent divin qui éveille, nourrit et perfectionne l'amour au sein du croyant et de l'Église. Sa pneumatologie est centrée sur la présence transformatrice de l'Esprit, qui permet aux fidèles d'incarner l'amour de Dieu par des actes concrets de grâce, de sainteté et de communion. Cet amour façonné par l'Esprit n'est pas périphérique à la doctrine, il en est le cœur. Sa célèbre phrase: "Si ton cœur est comme mon cœur, donne-moi la main" ne constituait pas un rejet de la doctrine, mais la reconnaissance qu'une croyance juste n'est juste que lorsqu'elle découle d'un amour juste. La doctrine de Wesley était toujours relationnelle, toujours ancrée dans la vie de l'Église. La croyance comptait, mais seulement comme moyen d'approfondir la communion que Dieu avait déjà initiée.

Dans l'imaginaire wesleyen, la doctrine ne doit donc jamais supplanter la grâce. L'Église ne confesse pas la foi pour créer l'unité. Elle confesse parce qu'elle partage déjà la vie du Dieu trinitaire, le Dieu qui est communion et dont l'amour est le feu d'où doit jaillir tout credo.

**La doctrine en pratique**
**Les moyens de grâce**

La doctrine vit lorsqu'elle est pratiquée au rythme de la grâce et de la communion ecclésiale, lorsqu'elle s'incarne comme confession vivante de l'Église, formée non seulement en paroles, mais en pratiques partagées d'amour et de communion. Ainsi, la doctrine devient le témoignage de l'Église sur la grâce déjà reçue; elle s'incarne comme la vocation de l'Église à être le témoin incarné de la fidélité à l'amour du Christ.

La doctrine n'est pas seulement une croyance de l'Église, c'est une pratique de l'Église. Cette pratique incarnée de la doctrine renforce l'affirmation centrale du chapitre: la doctrine ne vit pas dans l'abstraction, mais dans la mise en pratique fidèle de la vie partagée de l'Église. Elle est vécue, respirée, priée et pratiquée dans la vie du corps. Les vérités que l'Église confesse ne sont pas suspendues dans l'abstraction; elles sont fondées dans le culte, soutenues par la prière, incarnées dans les sacrements et mises en pratique dans le service. La doctrine est d'autant plus fidèle qu'elle participe à la vie même qu'elle proclame: la vie trinitaire de Dieu répandue dans l'amour.

C'est pourquoi John Wesley situait le cœur de la théologie non pas dans la spéculation scolastique, mais dans ce qu'il appelait les moyens de grâce. Pour Wesley, ces moyens n'étaient pas de simples exercices de dévotion, mais des rencontres animées par l'Esprit qui façonnaient la vie et le témoignage de l'Église. Par la présence active de l'Esprit, ces pratiques devenaient des instruments de sanctification et de formation communautaire, incarnant la grammaire de l'amour divin en action et façonnant la vie doctrinale de l'Église par la rencontre vécue, la grâce partagée et une foi réceptive, façonnant à la fois la doctrine proclamée par l'Église et l'amour qu'elle incarnait. Tels étaient les canaux ordinaires par lesquels l'amour de Dieu était reçu, auquel il répondait et lui était rendu par la prière, l'étude des Écritures, la Sainte Cène, le jeûne, les conférences chrétiennes et les actes de miséricorde. La doctrine, pour Wesley, n'était pas une théorie à débattre, mais une grâce à rencontrer. Si elle ne pouvait être priée, chantée ou vécue dans l'amour, elle devait être réformée.

Ainsi, l'enseignement de l'Église est indissociable de sa pratique. Proclamer la résurrection du Christ, c'est se rassembler à la Table. Confesser la Trinité, c'est vivre en communion, baptiser au nom du Père, du Fils et de l'Esprit, bénir et être béni dans cette relation. La doctrine est mise en pratique chaque fois que nous pardonnons comme nous avons été pardonnés, ou que nous portons les fardeaux les uns des autres, une vision reprise par Augustin, qui écrivait que "la foi agit par l'amour" (Gal. 5, 6), nous rappelant que la doctrine, bien vécue, s'exprime toujours par des actes de charité et de réconciliation. Elle se manifeste dans la doxologie. Elle s'incarne dans la mission.

Comme l'a souligné William J. Abraham dans sa restauration de l'héritage canonique de l'Église, les moyens de grâce ne sont pas périphériques à la théologie, ils en sont la source et la structure. Le canon n'est pas seulement l'Écriture, mais la vie sacramentelle, liturgique, communautaire et spirituelle de l'Église par laquelle le Christ est rendu présent. La doctrine naît de cette vie et doit y retourner.

La tradition wesleyenne incarne cette vision intégrative en démontrant que la doctrine n'est pas simplement enseignée, mais pratiquée, incarnée par la confession vécue de la fidélité du Christ par l'Église, à travers une communauté animée par l'Esprit, une vie sacramentelle et des actes de miséricorde. Ce faisant, elle corrige les tendances modernes qui réduisent la doctrine à des systèmes abstraits ou à des croyances privées. Au contraire, elle la situe dans les pratiques guidées par l'Esprit d'une vie communautaire façonnée par la grâce, démontrant que la vérité théologique doit être incarnée, relationnelle et transformatrice. Sa théologie ne traite pas seulement de la grâce, mais de la grâce en mouvement. L'Église se rassemble non seulement pour affirmer des idées, mais pour être façonnée par l'amour, pour être constamment portée au rythme du don de soi de Dieu. Wesley croyait que tous les commandements de Dieu sont revêtus de ses promesses; il en va de même pour les doctrines de l'Église lorsqu'elles incarnent la foi du Christ, imprégnée de l'énergie de l'amour de Dieu. Chacune est une invitation à la grâce, un appel à la communion, un appel à marcher dans l'amour.

Lorsque la doctrine est déconnectée de ces pratiques, elle devient rigide et fragile. Mais lorsqu'elle s'infiltre dans la vie de l'Église, par l'Eucharistie et le chant, l'Écriture et le service, la réconciliation et la prière, elle devient un feu qui nous forme et nous réforme. Elle devient ce qu'elle a toujours été censée être: un moyen de grâce, une expression incarnée de la confession vivante de l'Église, façonnée par l'amour et soutenue par l'Esprit.

Dans cette optique, on pourrait dire que la doctrine n'est pas une conclusion, mais une consécration, une expression incarnée de l'identité de l'Église comme confession vivante de la foi et de la fidélité du Christ. Elle met à part non seulement des vérités, mais des vies. Elle caractérise le peuple de Dieu comme une communauté appelée non seulement à croire en l'amour, mais à le pratiquer, jusqu'à ce que chaque acte de culte, chaque partage du pain, chaque œuvre de miséricorde devienne en soi une confession: le Christ est ressuscité. L'Esprit est là. Et Dieu est amour.

### Formation par les habitudes de foi

La doctrine devient durable lorsqu'elle est façonnée au rythme de la grâce et apprise dans la vie de l'Église, lorsqu'elle est incarnée par la pratique, nourrie par le culte et vécue en communion. Cette durabilité ne naît pas de la rigidité, mais de son enracinement dans la grâce et de son soutien à travers la vie commune de l'Église.

La doctrine ne nous façonne pas d'un seul coup. Elle prend racine dans la répétition, la relation et la pratique fidèle, réalités incarnées par lesquelles l'Église devient la confession vivante de la foi et de la fidélité du Christ. C'est pourquoi l'Église a toujours été plus qu'une communauté confessante: c'est une école d'amour, un corps en formation. Dans la tradition wesleyenne, la doctrine n'est pas imposée comme une formule fixe, mais cultivée dans les habitudes de foi, contrairement aux traditions qui privilégient l'assentiment intellectuel comme mesure de l'orthodoxie. L'approche wesleyenne propose un correctif: la doctrine se forme non par la coercition, mais par des pratiques de grâce partagée, où la croyance se construit au sein de relations de confiance, de prière et d'amour, nées de la prière, de la louange et du discipulat partagés.

John Wesley l'avait bien compris. Son modèle de formation chrétienne, à travers les réunions de classe, les réunions de groupe et les associations, reposait sur la conviction que la foi doit être nourrie collectivement. La foi se développe dans la proximité des autres, où nous apprenons à prier ensemble, à nous repentir ensemble, à porter les fardeaux les uns des autres et à nous réjouir de la grâce. Dans ces espaces, la doctrine n'est pas d'abord une question de maîtrise intellectuelle; elle est une question de confiance partagée. Et c'est cette confiance qui donne naissance au langage.

Ici, les hymnes de Charles Wesley prennent une force particulière. Ils n'étaient pas seulement une poésie inspirante, mais une confession théologique. Par le chant, le peuple de Dieu recevait la doctrine non pas comme une simple abstraction, mais comme une réalité vécue. Ils s'inspiraient de la foi par le chant. Répercutés dans les sanctuaires et les réunions de classe, les hymnes de Wesley formaient les cœurs et les esprits. La théologie qu'ils portaient naissait de la prière et se transformait en louange, un rythme doxologique qui rendait leur doctrine non seulement formatrice, mais aussi transformatrice dans la vie de l'Église.

Les premiers Pères de l'Église connaissaient bien ce rythme. Athanase, par exemple, proclamait l'incarnation comme le moyen par lequel l'humanité est attirée par la vie de Dieu, tandis que les catéchèses de Cyrille de Jérusalem intégraient l'enseignement doctrinal à la participation liturgique et sacramentelle, incarnant tous deux la doctrine comme formation par le culte et la relation. La théologie patristique n'a jamais été un exercice de spéculation détaché. C'était toujours un acte de révérence. Leurs doctrines se forgeaient souvent au milieu de la prière, de la persécution et de l'Eucharistie. Ils parlaient de la Trinité non pas comme d'une énigme philosophique, mais comme du nom du Dieu qu'ils vénéraient, rencontraient et adoraient.

La doctrine, dans cette optique, n'est pas une simple information, c'est une formation à la grammaire de l'amour, une construction de la vie et de la communauté dans le langage qui incarne la fidélité du Christ. C'est une catéchèse par la communion, une théologie par la confiance, une mémoire façonnée par l'amour. L'Église ne se contente pas de transmettre des idées; elle transmet un mode de vie. Par des habitudes quotidiennes de prière, des œuvres de miséricorde, un discernement communautaire et le culte sacramentel, le peuple de Dieu est formé dans la foi et transformé par la grâce. Comme l'a expliqué Vladimir Lossky: "Nous devenons par la grâce de Dieu ce que Dieu est par nature."

Wesley croyait clairement que la grâce et la sagesse contenues dans les moyens de grâce étaient la présence incarnée de Dieu. Athanase, par exemple, proclamait l'incarnation comme le moyen par lequel l'humanité est attirée par la vie de Dieu, tandis que les catéchèses de Cyrille de Jérusalem intégraient l'enseignement doctrinal à la participation liturgique et sacramentelle, incarnant toutes deux la doctrine comme formation par le culte et la relation. Participer à ces moyens de grâce, c'est partager Dieu. En les utilisant, nous devenons aussi aimants par la grâce de Dieu que Dieu est aimant par nature. Pratiquer les moyens de grâce, c'est pratiquer l'amour qui est Dieu.

C'est pourquoi Wesley insistait sur le fait que les moyens de grâce doivent être pratiqués avec constance et joie, non pour gagner la faveur de Dieu, mais pour y rester ouvert. Lorsque la foi devient habitude, et que l'habitude devient caractère, l'Église devient ce qu'elle croit. Elle ne se forme pas dans l'isolement, mais par la répétition partagée, les prières dites autour de la même table, les hymnes chantés en harmonie, le pain rompu en bénédiction. C'est ainsi que la foi devient chair.

Dans cette vie communautaire, la doctrine s'apprend non seulement par l'écoute, mais aussi par la pratique. Par ces actes de foi incarnés, l'Église se révèle comme la confession vivante de la foi et de la fidélité du Christ. Elle s'apprend lorsque nous pardonnons, lorsque nous confessons, lorsque nous bénissons et sommes bénis. Elle s'exprime par notre comportement, notre mémoire, notre espérance. C'est l'œuvre lente et fidèle de l'Esprit de Dieu, qui nous rend capables de parler couramment le langage de l'amour, jusqu'à ce que la doctrine devienne non seulement une profession, mais une incarnation.

**Corriger par la communion**

La doctrine n'est pas préservée par la rigidité mais par la relation, fidèlement corrigée par l'amour.

La doctrine n'est pas statique. Ce n'est pas un fossile du passé, mais un feu toujours brûlant au présent, un feu qui fait écho à la flamme de la Pentecôte, allumé par l'Esprit, et qui continue d'enflammer la foi de l'Église et d'illuminer son chemin par la communion, l'amour et le culte. Un feu entretenu et entretenu par la vie communautaire, le culte et les pratiques de grâce partagées de l'Église. Ainsi, la doctrine demeure une flamme vivante qui illumine et transforme l'Église, confession incarnée de la fidélité du Christ. Et comme tout feu vivant, elle doit être entretenue. Cela signifie que la doctrine doit être corrigée. Mais la correction dans l'Église ne vient ni par la coercition ni par le contrôle. Elle vient par la communion.

Dès les premiers temps de l'Église, la théologie s'est forgée dans les conversations, les conciles et les synodes, les lettres et les confessions, les larmes et la prière. Même l'hérésie, comme l'a souligné HEW Turner, contribue à clarifier l'orthodoxie, non seulement par l'exclusion, mais par un discernement plus approfondi. Lorsqu'il est vécu avec amour, le désaccord devient un moyen de grâce. Ce sont des "orthodoxies silencieuses", des vérités tacites ou cachées, éclipsées faute de voir les choses sous un angle plus large, celui de l'amour. Pourtant, tout au long de l'histoire, l'Église a redécouvert ces vérités lorsque l'Esprit nous a ouvert les yeux, que ce soit en revendiquant la dignité des femmes, en affirmant l'unité de tous les croyants au-delà des clivages raciaux et culturels, ou en renouvelant la primauté de la grâce sur le légalisme. Ces moments montrent que des vérités oubliées ou occultées peuvent être retrouvées lorsque la communion est privilégiée au détriment du contrôle. Ces "orthodoxies silencieuses" ont le potentiel de nous montrer où se trouvent les "hérésies de l'amour" dans nos doctrines. L'Église corrige sa doctrine non pas pour gagner des arguments, mais pour rendre un témoignage plus fidèle de l'amour de Dieu.

Les hérésies sont comme des "orthodoxies silencieuses" qui peuvent nous révéler où se trouvent les "hérésies de l'amour" dans nos doctrines, ces distorsions de l'enseignement qui, bien que peut-être doctrinalement précises, ne reflètent ni ne nourrissent l'amour radical au cœur de l'Évangile. Ces orthodoxies silencieuses de l'amour sont des lieux où la vérité a été séparée de la grâce, et où la communion doit ramener la doctrine à son centre, l'amour désintéressé du Christ. L'Église corrige sa doctrine non pas pour gagner des débats, mais pour témoigner plus fidèlement de l'amour de Dieu.

John Wesley comprenait que la doctrine doit être jugée à ses fruits. Sa question ne se limitait pas à: "Est-elle vraie?" mais à: "Conduit-elle à la sainteté? Augmente-t-elle l'amour?" Si un enseignement nuisait à la communion ou obscurcissait la grâce, il devait être réformé. La doctrine de Wesley était façonnée par l'amour, et non enfermée dans la polémique. Ses conférences et ses sociétés étaient des lieux de correction mutuelle, des espaces d'écoute sainte où la confiance permettait à la vérité d'émerger.

C'est la marque d'une tradition vivante: elle ne consacre pas le passé, mais l'aborde, permettant à l'Église de continuer à incarner la doctrine comme une confession permanente de l'amour fidèle du Christ dans le présent. Elle écoute la voix des fidèles, passés et présents, et s'interroge sur ce que l'amour exige aujourd'hui. La tradition ne vit que lorsqu'elle demeure réceptive à l'Esprit. Lorsque la doctrine cesse de croître dans la connaissance de l'amour, elle cesse de servir le Corps et lui nuit.

C'est pourquoi les débats doctrinaux au sein de l'Église doivent être fondés sur la doxologie et l'humilité. L'Église primitive en a donné un exemple au Concile de Jérusalem (Actes 15), où les dirigeants ont discerné la vérité ensemble par un dialogue priant, et à Nicée, où la clarté du credo a finalement émergé après un long débat nourri par des divergences et des perspectives politiques, culturelles et théologiques. Malgré de nombreuses influences coercitives, tant à l'intérieur qu'à l'extérieur de l'Église, c'est grâce à une écoute et un discernement plus profond de l'Esprit, dans le culte partagé et la communion théologique, que la foi confessée par l'Église, à travers le Credo de Nicée, a émergé. Nous ne protégeons pas la vérité en criant plus fort ou en traçant des lignes plus nettes. Nous la protégeons en écoutant, en confessant, en pardonnant et en marchant dans l'amour. Lorsque l'Église se rassemble autour de la Table, elle devient un lieu non seulement de communion, mais aussi de correction, une communauté qui croit suffisamment pour être vulnérable et affinée.

La distinction entre correction et accomplissement est essentielle. La correction n'est pas l'abandon de l'héritage doctrinal, mais son accomplissement continu, supprimant les distorsions qui obscurcissent le cœur de l'Évangile. L'accomplissement, en revanche, est le déploiement de cet héritage de manières nouvelles, en réponse à de nouvelles perspectives ou à de nouveaux besoins, à l'image de la compréhension plus complète de la Trinité par l'Église primitive, née des questions christologiques. Ensemble, ces deux éléments garantissent que la doctrine reste à la fois fidèle au telos de ses origines et fidèlement ouverte à la révélation continue de l'Esprit pour accomplir le but ultime de la promesse divine. L'objectif n'est pas de défaire ou d'effacer la foi antérieure, mais de laisser la foi du passé respirer le présent, de corriger ce qui entrave la promesse divine et d'accomplir ce que l'amour aspire encore à exprimer. La doctrine devient fidèle lorsqu'elle reste perméable à la grâce et toujours ouverte à l'avenir de Dieu et au nôtre dans la promesse de la Nouvelle Création.

La doctrine ne se maintient pas en érigeant des murs; elle se nourrit en construisant la confiance, une confiance fondée sur la communion, soutenue par des pratiques de grâce partagées et incarnée par la confession vivante de la fidélité du Christ par l'Église. Ainsi, l'Église redevient ce qu'elle est toujours appelée à être: la confession vivante de la foi et de la fidélité du Christ, témoignant de l'amour qui unit toutes choses pour la vie du monde. C'est l'œuvre de la communion. Elle est lente, relationnelle et guidée par l'Esprit.

Mais c'est la seule façon pour la doctrine de rester ce qu'elle est censée être: le témoignage de l'Église de l'amour qui unit toutes choses.

## Une appartenance qui croit

Découlant directement de l'engagement de l'Église à corriger dans la communion, la foi n'est pas la condition préalable à l'appartenance, mais son fruit; la doctrine exprime l'amour que nous partageons déjà. Elle est la confession incarnée d'une Église déjà rassemblée dans la vie du Christ par l'Esprit.

Nous ne croyons pas pour appartenir; nous croyons parce que nous sommes déjà attirés par l'amour. Ce n'est pas l'assentiment qui nous donne une place, mais la communion qui nous apprend à parler. Telle est la vérité qui imprègne les premiers credo de l'Église et qui résonne dans l'œuvre de l'Esprit depuis la Pentecôte jusqu'à aujourd'hui. L'appartenance précède la croyance, et la doctrine est le langage que nous apprenons à parler dans la maison de l'amour de Dieu. Dans l'Église, nous ne gagnons pas notre place par ce que nous professons. Nous professons notre foi parce qu'une place nous a déjà été donnée à la Table.

Les vérités les plus profondes de la doctrine chrétienne sont des confessions de relation. Lorsque nous disons "Je crois", nous ne disons pas simplement que nous acquiesçons à une proposition, mais que nous faisons confiance à une Personne, et que nous le faisons avec d'autres. La doctrine est une grammaire communautaire. C'est le langage commun d'un peuple qui apprend à aimer ce que Dieu aime et à se considérer comme aimés.

C'est pourquoi Stephen J. Patterson et d'autres considèrent Galates 3:28 comme un credo fondamental: "Il n'y a plus ni Juif ni Grec, ni esclave ni libre, ni homme ni femme, car tous sont un en Jésus-Christ." Ce n'est pas une affirmation théologique spéculative; c'est une déclaration d'unité. Elle désigne une appartenance déjà assurée par l'Esprit. Et c'est cette réalité communautaire qui rend la foi possible.

Dans la tradition wesleyenne, cela se reflète dans la façon dont la foi se construit à travers les réunions de groupe, les réunions de classe et la vie incarnée de l'Église. La doctrine ne doit jamais se détacher de l'Église; elle doit toujours grandir en elle, comme une communion d'amour dynamique façonnée par l'Esprit et ancrée dans la vision relationnelle au cœur de la théologie wesleyenne. Loin d'être des formulations abstraites imposées d'en haut, la doctrine, pour Wesley, naît des pratiques partagées de la grâce et est soutenue par la présence de l'Esprit dans la communauté. Cet enracinement dans la vie communautaire rend la doctrine vivante, responsable et transformatrice. Wesley comprenait que l'on accède à la foi non seulement par l'enseignement, mais aussi par le témoignage. En étant accueilli. En priant pour nous. En voyant l'amour se manifester. En bref, par l'appartenance.

Les pratiques du culte, les Écritures, les sacrements et la discipline spirituelle ne sont pas des mécanismes de contrôle; ils sont le terreau où la foi grandit. La doctrine est un fruit de cette vie, et non une barrière pour la protéger. Trop souvent, la doctrine a été instrumentalisée comme moyen d'exclusion. La question a été formulée: "Que devez-vous croire pour appartenir à ce monde?" Mais l'Évangile renverse la question: "Puisque vous y appartenez déjà, que pourriez-vous oser croire maintenant?"

L'hospitalité, telle que l'envisageaient des théologiens comme l'éminente Lettey M. Russell, n'est pas une éthique périphérique, mais un acte doctrinal, une pratique par laquelle l'Église incarne et accomplit sa confession de l'amour fidèle de Dieu dans le monde. L'hospitalité n'est pas simplement sociale, mais théologique, une pratique qui façonne l'Église comme une confession vivante de la fidélité de Dieu à travers des relations inclusives et pleines de grâce, en résonance avec cette inversion. Nous devons démanteler les structures ecclésiales rigides et centrer l'identité de l'Église sur l'hospitalité, un accueil radicalement inclusif comme fondement de toute réflexion théologique et de toute vie communautaire. L'identité de l'Église ne se fonde pas sur une hiérarchie de croyances justes et de contrôle épiscopal, mais s'exprime comme une table de grâce partagée, incarnant la doctrine à travers une communauté inclusive et une hospitalité mutuelle, où la doctrine est façonnée par le service mutuel et la présence aimante.

L'appartenance ne se mérite pas. Elle est révélée par l'Esprit, qui nous attire en communion avec Dieu et les uns avec les autres. C'est la grâce qui ouvre nos oreilles à la Parole, qui ouvre nos cœurs à l'Esprit, qui ouvre nos bouches à dire ce que nous savons être vrai: que Dieu est amour et que nous sommes aimés.

La doctrine doit être forgée en communauté, et non transmise de manière isolée. Elle doit être façonnée par le culte partagé, la vie sacramentelle, les actes de miséricorde et le service mutuel, où la confession de l'Église est continuellement façonnée par l'amour incarné dans la pratique. Lorsque nous croyons ensemble, nous le faisons dans un contexte d'amour mutuel, de vulnérabilité et de confiance. La foi qui naît de l'appartenance n'a pas besoin de dominer ou de diviser. Elle a seulement besoin de témoigner, de dire la vérité sur l'amour qui nous a trouvés en premier.

En fin de compte, la grammaire de la doctrine est simple: nous appartenons. Nous croyons. Nous devenons. C'est l'œuvre de l'Esprit qui nous façonne dans l'amour, non pas seuls, mais ensemble. En Christ. Par l'Esprit. Pour la gloire de Dieu et la vie du monde.

## Foi et doctrine dans l'avenir de l'Église

L'Église parle de la doctrine avec la voix de l'amour, non pas pour contrôler l'avenir, mais pour l'accueillir dans la confiance et l'espérance.

Née du rythme de l'appartenance, de la croyance et du devenir, la doctrine ne vise pas à assurer la permanence de la foi, mais plutôt à incarner la confession de foi et de fidélité au Christ par l'Église, portée comme un témoignage vivant pour l'avenir de Dieu. Il s'agit de témoigner de l'amour infini et vulnérable de Dieu, éternel. Alors que l'Église s'oriente vers un avenir incertain, certes rempli d'espérance et de promesses, la doctrine ne doit pas devenir une relique que nous défendons, mais un témoignage vivant que nous continuons à transmettre, avec humilité, foi et amour. Ce qui demeure, ce n'est pas la forme de nos paroles, mais l'Esprit qui les transmet.

L'avenir de la doctrine dépend de sa volonté de rester ouverte à l'Esprit, ce même Esprit qui, à la Pentecôte, a enflammé les cœurs et donné à l'Église un langage nouveau d'amour et de témoignage. La doctrine doit rester ouverte, car l'Esprit parle toujours de façon nouvelle, conduisant toujours plus profondément l'Église dans l'amour vulnérable et transformateur de Dieu. Cela ne signifie pas oublier notre passé. Cela signifie l'écouter avec un plus grand respect et une plus grande confiance. Cela signifie discerner ce que l'Esprit dit maintenant, à la lumière de ce qui a été dit fidèlement auparavant. La doctrine ne doit jamais être figée dans le temps. Elle doit rester en mouvement, portée par la vie de l'Église qui grandit dans l'amour de Dieu.

John Wesley a saisi cette vision lorsqu'il a insisté sur le fait que l'Église devait "progresser vers la perfection", non seulement vers la sainteté personnelle, mais vers une participation plus profonde à la vie trinitaire de Dieu. La perfection chrétienne n'est pas la fin des efforts, mais la communion toujours plus profonde avec Dieu que la doctrine doit servir, former et exprimer. Elle ne vise pas simplement un idéal personnel ou ecclésial, mais une grammaire doctrinale future façonnée dans la communion et la transformation, non pas vers un système de pensée achevé, mais vers un amour plus parfait. La doctrine n'est pas une connaissance statique; c'est un amour infini en constante expansion. Ainsi, nos doctrines recherchent constamment une nouvelle grammaire de foi et de compréhension pour le cheminement. Elle est l'articulation progressive du cheminement de l'Église vers Dieu. Elle doit toujours être façonnée par la prière, la communion, la souffrance et la joie.

La doctrine, et en particulier la doctrine trinitaire, n'est jamais un cadre abstrait imposé au mystère divin, mais une expression doxologique du Dieu qui vient à nous avec amour. Le superbe ouvrage de Catherine LaCugna, "*Dieu pour nous*", nous enseigne que la théologie doit toujours servir la communion, qu'elle doit naître de la vie de l'Église et y retourner. Une doctrine tournée vers l'avenir est aussi relationnelle, formée dans la vulnérabilité partagée d'être attiré par la vie de Dieu.

La confession de l'Église ne vise jamais à échapper à l'histoire, mais à participer à l'avenir rédempteur de Dieu. La résurrection de Jésus est non seulement le pivot de l'histoire, mais aussi la source de notre espérance. L'Église, par sa vie même, témoigne du renouveau à venir de toutes choses. Ainsi, la doctrine n'est pas seulement rétrospective; elle est anticipatrice. Elle s'ouvre avec espérance, portant le souvenir de la fidélité de Dieu dans la promesse d'une Nouvelle Création.

Le feu de l'amour de Dieu qui a formé les premiers credo doit être le même qui façonne notre témoignage aujourd'hui. La doctrine doit être proclamée à partir de ce feu, ou ne pas l'être du tout. Car c'est l'Esprit qui allume ce feu, qui anime le témoignage de l'Église et qui continue de s'exprimer par la doctrine lorsqu'elle naît de la communion, de la prière et de l'amour. Si elle n'est pas née de la prière, animée par l'amour et accueillante à l'espérance, alors elle cesse de servir. Une doctrine qui ne bénit pas ne peut croire. Elle devient fragile, et le monde, à juste titre, s'en détourne.

Mais il existe une autre voie. La doctrine peut accueillir l'avenir comme un don. Elle peut devenir la poésie de l'amour de l'Église, témoignant de la grâce avec un langage à la fois ancien et nouveau. Lorsque la doctrine est enracinée dans la communion, elle est libre de parler avec audace et douceur, prophétiquement et pastoralement. Elle peut apprendre de nouveaux dialectes. Elle peut chanter de nouveaux chants.

Le témoignage de l'Église restera crédible non pas parce qu'elle contrôle la culture, mais parce qu'elle continue d'aimer. La doctrine perdurera non parce qu'elle est imposée, mais parce qu'elle s'incarne dans des vies de sainteté, d'hospitalité et d'espérance, des vies qui, ensemble, témoignent de la vocation de l'Église comme confession vivante de la foi et de la fidélité au Christ. L'Église proclame et incarne la Bonne Nouvelle du Christ pour la vie du monde.

C'est pourquoi l'œuvre doctrinale doit rester liée à la prière, façonnée en communauté et animée par l'imagination de l'Esprit. Ce n'est qu'alors qu'elle peut s'exprimer d'une voix qui sonne encore comme une bonne nouvelle. L'Église ne professe pas une doctrine fidèle comme la grammaire de l'amour de Dieu pour posséder la vérité, mais pour être possédée par elle, pour être sans cesse saisie par le mystère du Christ, le Verbe fait chair.

En regardant vers l'avenir, nous devons enseigner la doctrine non pas comme une loi, mais comme un amour. Nous devons l'inscrire non seulement dans des livres, mais dans des vies, façonnées par l'œuvre continue de l'Esprit à travers les pratiques communautaires de prière, de culte et d'amour de l'Église. Et nous devons la confesser non pas pour préserver le passé, mais pour préparer la voie à la Nouvelle Création promise par Dieu. C'est ainsi que la doctrine devient espérance.

Et c'est ainsi que l'Église devient ce qu'elle croit: le Corps vivant du Christ, parlant la Parole dans le langage de l'amour.

### Confession de la foi future de l'Église.
*Nous croyons en l'amour immortel.*
*Nous croyons au Christ ressuscité et intercédant. Nous croyons en l'Esprit qui souffle à travers notre doctrine et façonne notre espérance. Nous croyons que l'Église est le Corps vivant et respirable du Christ, appelé à incarner la foi du Christ, à proclamer la Bonne Nouvelle et à aimer de l'amour infini et vulnérable de Dieu, et à accueillir l'avenir de Dieu.*

### Mandat de la doctrine incarnée
*Enseignons donc la doctrine comme amour.*
*Confessons-nous de ne pas contrôler, mais de servir. Écrivons la théologie avec nos vies. Allons de l'avant, pour devenir ce que nous croyons, pour dire ce que nous avons reçu et pour vivre ce que nous confessons:*
*que le Christ est ressuscité,*
*que l'Esprit est ici et que Dieu est amour.*

## Chapitre quatre
## Doctrine rappelée
## L'histoire qui façonne l'Église

*"Faites ceci en mémoire de moi."*
*Luc 22:19*
*"La tradition est la foi vivante des morts; le traditionalisme est la*
*foi morte des vivants."*
*Jaroslav Pelikan*

### La tradition comme mémoire en mouvement

À la fin du chapitre 3, nous avons vu comment l'Église, confession de foi incarnée, porte la doctrine non pas comme une proposition rigide, mais comme un témoignage d'amour vécu en communion, donné par l'Esprit. Le chapitre 4 explore maintenant comment cette confession est aussi une mémoire vivante, porteuse d'espoir et transformatrice. La doctrine, en tant que vérité mémorisée, n'est pas une relique, mais un rythme, un modèle théologique et liturgique qui imprègne la vie de l'Église, façonné par la mémoire, soutenu par l'Esprit et orienté vers l'avenir promis par Dieu: un héritage inspiré par l'Esprit qui relie passé, présent et avenir. Ce chapitre révèle comment la tradition devient la grammaire par laquelle l'Église se souvient dans l'amour, est corrigée dans l'amour et portée par l'amour vers la Nouvelle Création.

La tradition vit lorsqu'elle respire l'Esprit qui attire l'avenir promis dans le présent de l'Église. La mémoire de l'Église n'est pas un regard en arrière, mais un témoignage, animé par l'Esprit, de la continuité de l'action rédemptrice de Dieu à travers le temps. Parce que l'Esprit est le Seigneur du temps, couvant la création, descendant à la Pentecôte et conduisant toutes choses à leur accomplissement dans le Christ, la tradition devient une médiation pneumatologique du passé, du présent et de l'avenir. C'est une mémoire en mouvement.

La tradition vivante n'est pas le passé préservé, mais le passé transfiguré dans le présent par l'irruption de l'Esprit dans l'avenir promis, un avenir qui donne à la tradition sa forme de grammaire de l'amour divin, proclamée par l'Église de tous les temps comme une réponse inspirée par l'Esprit à la fidélité de Dieu. Lorsque la tradition se coupe de la nouveauté de l'Esprit, elle se fige en traditionalisme, ce que Jaroslav Pelikan appelle "la foi morte des vivants". Mais lorsqu'elle respire l'énergie de l'amour, la tradition rappelle non seulement notre passé, mais aussi celui où Dieu nous emmène. Elle devient la flamme de l'amour plutôt que le fossile de l'habitude.

Cette flamme s'allume avec la plus grande vivacité à la Table. Le commandement du Christ: "Faites ceci en mémoire de moi" n'est pas de la nostalgie, mais une invocation eschatologique. Dans l'Eucharistie, ce souvenir est plus qu'un simple rappel mental, c'est une anamnèse, un acte doctrinal où se confondent mémoire, espérance et identité communautaire. Ici, l'Église entre dans le mystère de la présence du Christ, témoignant de la fidélité de Dieu en se souvenant du Corps dans l'amour, dans le temps et en anticipation de la Nouvelle Création. À la Table, l'Église se souvient de son passé dans le présent et se souvient en anticipation de son avenir. L'Eucharistie est anamnèse, mémoire sacramentelle qui se souvient du Corps et reconstitue le monde. C'est un acte divin de souvenir qui reconnecte et réorganise toutes choses en Christ: ce qui a été brisé, exclu ou rendu obsolète est rassemblé dans l'avenir de Dieu. Dans la promesse de Dieu, rien n'est rejeté. Dans le souffle de Dieu, même les ossements desséchés reprennent vie.

La vision d'Ézéchiel de la vallée des ossements desséchés (Ézéchiel 37) illustre ce souvenir. L'Esprit insuffle la vie à des fragments oubliés, les élevant à la communion. L'Esprit se souvient de la maison d'Israël, la ressuscitant, la restaurant, la réanimant. De même, la mémoire de l'Église n'est pas un souvenir passif, mais un acte de résurrection: un appel à la vie à partir de ce qui semble oublié. Se souvenir est un acte vivant de foi, d'amour et d'imagination eschatologique. La mémoire devient une participation anticipée à la Nouvelle Création.

Tel est le rythme de la tradition inspirée par l'Esprit. Elle se souvient non pas pour préserver, mais pour transformer. La tradition vit lorsqu'elle respire profondément le souffle de l'Esprit. La vision de John Wesley de l'Église comme "nouvelle demeure de Dieu dans l'Esprit" reflète cette même dynamique. L'Église, pour Wesley, est une communauté de promesse où la doctrine, la prière et la mission naissent de la communion avec la vie divine. La mémoire, animée par l'Esprit, devient une participation à la gloire future déjà commencée.

La tradition se comprend mieux non pas comme un héritage statique, mais comme l'acte continu d'interprétation de l'Esprit, un acte soutenu par l'attention de l'Église à l'Écriture, aux sacrements et au silence. Cette habitude d'attention est elle-même une sorte de grammaire d'amour, façonnée au fil du temps par le témoignage fidèle de l'Esprit. Elle renforce l'idée que la mémoire doctrinale n'est pas un rappel passif, mais une participation active, guidée par l'Esprit, à la promesse divine qui se déploie. La tradition est l'habitude d'attention de l'Église, façonnée par l'Esprit, son discernement priant de la voix de Dieu à travers le temps, façonné par l'Écriture, le silence et la rencontre sacramentelle. Ensemble, mémoire attentive et vision future encadrent la doctrine non pas comme une archive statique, mais comme une orientation dynamique vers l'irruption de la nouveauté, une doctrine mémorisée dans l'Esprit, non pas seulement pour la préserver, mais comme une grammaire d'amour qui souffle vers l'avenir de Dieu. La tradition est l'habitude d'attention de l'Église, façonnée par l'Esprit, son discernement priant de la voix de Dieu à travers le temps, façonné par l'Écriture, le silence et la rencontre sacramentelle.

La tradition n'est donc pas une ancre qui nous ramène en arrière, mais une voile portée par le vent de l'Esprit, une voile façonnée par la mémoire eucharistique et portée par l'espérance eschatologique, entraînant l'Église, par le souffle de l'Esprit, vers l'avenir de Dieu. Cette image fait écho à l'arc du chapitre, où l'Esprit souffle par la mémoire, la correction, l'accomplissement et l'incarnation, entraînant l'Église vers le vaste horizon de l'avenir promis par Dieu.

Cette voile est portée par les vents de l'avenir de Dieu, l'espérance façonnant la mémoire. Elle est maintenue par l'attention priante et le discernement contemplatif, et orientée vers la réconciliation, la guérison et l'hospitalité.

La tradition s'exprime alors avec une grammaire d'amour façonnée par le temps, sans cesse rediffusée par l'Esprit qui anime la vie de l'Église au présent et la conduit vers la plénitude du Christ. Elle nous enracine dans la fidélité de Dieu tout en nous propulsant vers de nouvelles expressions d'amour qui se révèlent encore. "La foi transmise aux saints une fois pour toutes" demeure constante dans l'amour, mais son langage, ses formes et ses possibilités s'élargissent sans cesse à mesure que l'Esprit, énergie de l'amour infini et vulnérable de Dieu, continue de parler et de chanter la création dans sa nouveauté.

## La tradition et l'esprit de correction

Si la tradition est une mémoire en mouvement, elle doit aussi être une mémoire prête à être réformée, une voile, et non une ancre, ouverte au vent de l'Esprit qui tire l'Église en avant. Alors que nous passons de la mémoire à la correction, le même Esprit qui se souvient du Corps renouvelle maintenant son témoignage. Cette section passe de la beauté de la mémoire vivante à sa vulnérabilité: la tradition doit rester ouverte à la correction de l'Esprit. La doctrine dont nous héritons n'est pas à l'abri du raffinement; elle est façonnée et remodelée par l'amour qui l'appelle à une fidélité plus profonde. Ici, l'Église écoute la voix qui parle encore, confiante que l'amour divin non seulement se souvient, mais renouvelle.

La tradition est vivante lorsqu'elle cède à l'œuvre de correction, d'affinement et de sanctification de l'Esprit. La correction n'est pas un rejet de la tradition, mais une fidélité plus profonde. Comme le montrent les affirmations historiques de l'Église, comme l'affinement de la doctrine christologique entre Nicée et Chalcédoine, la correction naît souvent d'une écoute plus attentive de l'Évangile et d'une plus grande fidélité à l'Esprit. Dans ces moments, l'Église n'abandonne pas son héritage, mais cherche à en rendre un témoignage plus authentique en renonçant à ce qui, "maintenant", entrave l'accomplissement de l'avenir imminent de la promesse divine. Si la doctrine est la grammaire de la foi et de l'amour de l'Église, alors la correction continue de la doctrine est l'œuvre continuelle de l'amour. C'est ainsi que l'Esprit émonde et renouvelle l'Église, afin que la tradition puisse témoigner plus clairement du Christ et avancer plus fidèlement vers l'amour infini, vulnérable et sans fin.

Tout comme les individus sont sanctifiés par la grâce, la confession de foi commune de l'Église l'est aussi. La correction est la discipline de l'Esprit par amour. Lorsque la tradition résiste à la correction, elle s'ossifie et meurt. Mais lorsqu'elle reste ouverte et vulnérable à la voix de l'Esprit, elle est réformée dans la joie et la fidélité par l'amour parfait qu'est Dieu.

Ce double mouvement, que Pelikan appelle "correction et accomplissement", est une dynamique guidée par l'Esprit qui soutient la continuité apostolique tout en déployant de nouvelles expressions d'amour; il garantit que la doctrine reste à la fois enracinée et réceptive: enracinée dans la foi transmise une fois pour toutes, mais réceptive à l'Esprit qui corrige, renouvelle et accomplit la tradition à la lumière de la révélation continue de Dieu. L'Esprit assure à la fois la continuité de la foi apostolique et sa transformation dans l'amour. La correction n'est pas un simple ajustement doctrinal, mais l'initiative gracieuse de l'Esprit pour harmoniser davantage la tradition avec le mystère du Christ qui se dévoile. L'accomplissement, alors, n'est pas l'achèvement comme une clôture, mais l'accomplissement comme une participation plus profonde à la vie divine qui renouvelle continuellement l'Église. L'Église primitive l'avait profondément compris.

Les grands conciles de Nicée, de Constantinople et de Chalcédoine n'étaient pas de simples champs de bataille doctrinaux ou des nécessités politiques. Ils étaient des efforts priants et douloureux pour témoigner fidèlement du mystère de Dieu. Nous sommes possédés par la vérité et, par conséquent, nous y participons par la foi, l'espérance et l'amour. Nos doctrines sont provisoires, non pas parce que la vérité est instable, mais parce que l'irruption de l'avenir de Dieu dans le nôtre modifie constamment notre façon de voir par la foi, l'espérance et l'amour. La promesse de Dieu n'est pas une archive figée, mais un avenir qui se dessine encore. L'Esprit continue de nous conduire dans toute la vérité (Jean 16:13), non comme un point d'arrivée, mais comme un pèlerinage vers une participation toujours plus profonde au Christ. En regardant vers l'horizon et en voyant l'avenir de Dieu venir à nous, nous ne voyons pas la fin de tout, mais le commencement de toute vérité, aussi infinie que l'amour infini et vulnérable qu'est Dieu.

## Tradition et accomplissement de la promesse

Si la correction ouvre la tradition à son renouveau sanctifiant, tel un feu purificateur et un souffle vivifiant, alors l'accomplissement la tire vers sa fin radieuse, portée par la grâce agissante de l'Esprit. De la taille à la floraison, la grammaire de la doctrine doit être façonnée non seulement par ce qui a été reçu, mais aussi par ce que Dieu a promis d'accomplir. La section 3 passe maintenant de la correction à la consommation, du feu purificateur de l'Esprit à l'horizon de la pleine venue de l'amour. L'Église, formée dans la mémoire, avance maintenant vers la maturité dans l'espérance.

La tradition vit lorsqu'elle s'ouvre à l'avenir qu'elle confesse: l'accomplissement de l'amour de Dieu. La tradition chrétienne est eschatologique avant d'être historique. Elle n'est pas seulement une mémoire tournée vers le passé, mais un témoignage tourné vers l'avenir des promesses de Dieu. La tradition porte la mémoire de la fidélité divine précisément parce qu'elle a confiance dans l'avenir qu'elle anticipe. Ainsi, la tradition devient un récipient de promesse, un témoignage que ce que Dieu a commencé sera mené à son terme.

La tradition n'est donc pas un dépôt statique de vérités immuables, mais un courant vivant d'amour qui s'écoule vers son telos en Christ, porté par les paroles de la liturgie, le rythme de la confession et l'improvisation fidèle de vies enracinées dans la grâce et guidées par l'espérance. Elle se souvient non seulement de ce qui a été dit et fait, mais aussi de ce qui a été promis et qui se réalise encore. Elle chante ce qui est encore à venir.

John Henry Newman a décrit la tradition comme un développement organique: une vision en résonance avec la progression de l'Église vers son accomplissement. Sa métaphore de la croissance, la doctrine comme organisme vivant, suggère non seulement une continuité avec le passé, mais aussi une orientation vers l'avenir. Dans cette perspective eschatologique, la tradition ne se développe pas simplement par accumulation, mais en tendant vers la plénitude de l'amour promis par Dieu. La doctrine croît comme un organisme vivant, enracinée dans le Christ, mais qui s'épanouit à mesure que l'Église approfondit son mystère. La doctrine ne s'épanouit pas pleinement, mais croît en continuité avec sa source, comme un arbre issu de sa semence, planté près des courants d'eau vive, comme l'envisage le Psaume 1, ou comme un sarment attaché à la vigne de Jean 15. Cette croissance est nourrie par la prière, la contemplation et un témoignage fidèle, toujours tendu vers la lumière du Christ. Pour Newman, l'hérésie n'était pas une simple croyance erronée, mais une fausse innovation, une "hérésie de l'amour", qui arrache cette croissance à sa source, l'énergie vitale et respirante de l'amour de Dieu. Le véritable développement, en revanche, demeure ancré dans la fidélité immuable du Christ, même s'il s'élargit en compréhension et en expression. Le discours de l'Église sur Dieu doit toujours s'étendre pour répondre à la réalité du Dieu qui parle le premier.

La doctrine n'est jamais un commentaire statique, mais une réponse guidée par l'Esprit à la présence vivante du Christ. Le développement doctrinal est la maturation contemplative et contextuelle de la foi de l'Église, une réponse vivante qui renforce la tradition comme un mouvement vers l'accomplissement. La croissance doctrinale n'est pas un détournement de l'Évangile, mais le déploiement de sa signification dans des contextes toujours nouveaux, enraciné dans la contemplation et sensible au témoignage de sainteté à travers le temps.

Lorsque la doctrine est comprise de cette manière, l'accomplissement doctrinal n'est pas compris comme une expansion spéculative, mais comme un approfondissement guidé par l'Esprit, enraciné dans la réceptivité de l'Église au désir et à l'amour de Dieu, dans la prière. L'accomplissement ne vient pas d'une invention théologique, mais d'une prière à l'écoute de l'avenir de Dieu qui s'insinue dans le présent de l'Église. Le véritable accomplissement naît dans le silence où l'amour et le désir transformateurs de Dieu prennent racine.

Les premières communautés chrétiennes ont confessé Jésus comme Seigneur bien avant d'énoncer les doctrines de la Trinité ou de l'Incarnation. Mais sous la pression du culte, des persécutions et de l'amour, la confession de l'Église s'est précisée, non pas pour contrôler le mystère, mais pour l'honorer. Non pas parce qu'elle n'avait pas déjà expérimenté le mystère de l'amour, mais parce qu'elle savait que le mystère inépuisable de l'amour infini et vulnérable ne pourrait jamais être contenu. L'Esprit n'a pas gardé l'Église dans le silence, mais lui a donné une voix pour tous les temps.

Cependant, il ne faut pas confondre accomplissement et finalité. Parce que l'Esprit continue de parler et d'animer l'Église, l'accomplissement demeure un cheminement plutôt qu'une conclusion, une invitation à un amour sans fin et une grammaire toujours chantée par le souffle de Dieu. La Tradition demeure ouverte car l'Esprit qui habite l'Église est toujours à l'œuvre, parlant toujours à nouveau. L'accomplissement n'est donc pas une clôture, mais un élargissement de la participation à la vie divine, un amour qui continue d'attirer l'Église plus profondément dans le mystère, l'espérance et la communion. La Tradition s'accomplit non pas lorsqu'elle est achevée, mais lorsqu'elle est transfigurée, intégrée dans la vie continue de la promesse de Dieu. L'amour qui est Dieu est la source de notre vie et cet amour, source de la grammaire de la foi de l'Église, n'est jamais achevé. L'accomplissement doctrinal n'est pas la fin du développement, mais son approfondissement. L'accomplissement n'abandonne pas l'origine; il la conduit à maturité.

Pour Wesley, la sanctification était cet accomplissement dynamique: le déploiement de la grâce en un amour plus grand. Le salut n'était pas un moment à revendiquer, mais un mouvement à rejoindre. L'Église, en tant que Corps du Christ, est appelée à coopérer avec la grâce, non seulement pour recevoir la promesse, mais aussi pour y participer. La doctrine grandit dans la grâce lorsqu'elle est mise en pratique dans des vies conformes au Christ.

L'Eucharistie redevient signée d'accomplissement, concrétisant à la fois mémoire et promesse en un seul acte sacramentel, prolongement du rythme anamnétique exploré précédemment. De même que la mémoire eucharistique fusionne passer et futur dans l'action présente de l'Esprit, la Table devient ici la convergence de la promesse accomplie et de la gloire anticipée. Dans cet acte, l'Église ne se contente pas de se souvenir de ce qui a été; elle vit dans ce qui vient. Elle rassemble le passé et l'avenir de l'Église dans un moment présent de communion, incarnant le rythme anamnétique exploré dans les chapitres précédents.

Dans cet acte, la tradition ne se contente pas de rappeler, elle anticipe, révélant la Table comme le lieu où le souvenir devient espérance et où la promesse d'une nouvelle création se concrétise par la fraction du pain. Dans l'anamnèse, l'Église se souvient. La Table n'est pas un symbole statique, mais un acte sacramentel où la promesse devient présence. La liturgie, conçue comme une rencontre structurée avec Dieu, devient une sorte de tradition en mouvement: langage et forme transmis et élevés, priés à nouveau par chaque génération. Par la Parole et le Sacrement, la tradition accomplit sa vocation: celle de médiatiser la présence du Christ ressuscité dans la vie de l'Église.

L'accomplissement de la tradition n'est pas finalité, mais transfiguration. La doctrine est intégrée à la vie rayonnante du Christ, où ce qui était murmuré devient proclamation et ce qui était semence devient fruit. Ce qui était autrefois caché est révélé dans la gloire et l'amour de Dieu.

## L'Église comme icône respirante

Si la tradition accomplit sa finalité dans la consommation de l'amour, elle doit alors prendre une forme visible et incarnée. Cette section explore comment cet accomplissement devient iconographique. De même que la doctrine façonne la mémoire et l'espérance, elle doit aussi façonner la vie, vécue, vue et partagée. Ici, l'Église se révèle comme l'icône vivante du Dieu trinitaire: une communauté sacramentelle dont la forme reflète le contenu de l'amour qu'elle proclame.

Dire que l'Église est une icône du Dieu trinitaire, c'est dire qu'elle participe à celui qu'elle proclame, incarnant, comme la tradition elle-même, une grammaire d'amour rendue visible. L'iconographie, en ce sens, devient un langage théologique, une forme de témoignage par laquelle l'Église dit le mystère qu'elle habite. Le Christ, image (*eikōn*) du Dieu invisible, devient la mesure et le sens de la tradition. L'Église, Corps du Christ, est appelée à porter cette image, "à devenir par grâce ce que Dieu est par nature".

Les icônes sont aux yeux ce que la musique est aux oreilles. Ensemble, les icônes d'Orient et la musique d'Occident se transcendent, éveillant le désir de ce qui ne peut être possédé, mais auquel on peut accéder pour y participer. Les icônes ne sont pas des fins en soi; elles sont des moyens de grâce pour atteindre notre but: aussi aimant par la grâce de Dieu que Dieu l'est par nature.

La typologie de Jaroslav Pelikan (idole, symbole, icône) affine cette distinction et approfondit la vocation iconographique de l'Église. Éviter l'idolâtrie, c'est refuser de confondre l'Église avec Dieu; éviter le symbolisme, c'est résister à la réduction à une nostalgie culturelle ou à un symbolisme superficiel. Une icône, au contraire, est transparente à ce qu'elle signifie; elle pointe au-delà d'elle-même vers l'amour trinitaire qu'elle reflète. Cette clarté dans la distinction aide l'Église à comprendre sa vocation: être une fenêtre fidèle et pleine de grâce à travers laquelle l'amour désintéressé de Dieu rayonne visiblement dans le monde. Une idole piège; un symbole oublie et donc déforme. Mais une icône est transparente à ce qu'elle signifie. L'Église, en tant que Corps du Christ, partage cette vocation iconographique. Elle est appelée à être un signe visible, tangible et vivant de l'amour désintéressé de Dieu. À ce titre, l'Église n'est pas la source de lumière, mais une fenêtre à travers laquelle la lumière brille. Elle est le temple non pas de sa propre gloire, mais de la présence intérieure de l'Esprit.

L'identité de l'Église est intrinsèquement participative, une réalité qui façonne sa vocation iconographique. Être attiré par le modèle kénotique de l'amour divin, c'est non seulement refléter Dieu éthiquement, mais aussi l'imager visuellement par une existence cruciforme. Cette participation fait de l'Église non seulement un témoin de l'Évangile, mais une icône vivante et vivante du Christ qui s'est donné, tant par sa forme que par ses actes. Être justifié, c'est être attiré par la forme kénotique de l'amour divin, et être Église, c'est habiter ce modèle cruciforme publiquement et collectivement. L'Église ne se contente pas de proclamer l'Évangile; elle devient l'Évangile, une communauté cruciforme, imprégnée de l'Esprit, dont la vie même est mission. Cela fait écho à la vision wesleyenne de la sainteté comme vie partagée dans l'amour, une participation, rendue possible par l'Esprit, au don de soi du Christ pour le monde. L'Église, alors, en tant qu'icône du Seigneur crucifié et ressuscité, incarne la vie divine qu'elle proclame, devenant par grâce ce que le Christ est par nature.

La vision de John Wesley de l'Église comme "nouvelle demeure de Dieu dans l'Esprit" illustre parfaitement ce concept. Pour Wesley, l'Église n'était pas simplement la gardienne de la grâce de Dieu, mais le lieu où cette grâce s'incarne dans une communauté réelle. La sainteté n'était pas un accomplissement individuel, mais une participation commune à l'amour divin. L'Église est un corps animé par l'Esprit, non seulement un peuple qui proclame l'Évangile, mais qui en devient la forme visible dans le monde. Devenir l'Évangile pour la vie du monde, c'est participer à la nature même de l'amour infini et vulnérable qu'est Dieu.

L'Église inspire l'Esprit par la prière, l'Écriture et les sacrements, et le respire par l'hospitalité, la justice, le pardon et la joie. Quand l'Église vit à ce rythme, sa tradition n'est pas fragile mais dynamique, non pas une relique mais un réceptacle de vie.

C'est l'imagination sacramentelle en mouvement. Dans ses liturgies, l'Église ne se contente pas de se souvenir du Christ, elle le rencontre. Dans sa doctrine, elle ne se contente pas de réciter la vérité, elle la porte. Dans sa communauté, elle ne se contente pas de refléter l'Évangile, elle devient un avant-goût du Royaume. Tel est le mystère de l'Église-icône: elle est ce qu'elle proclame.

Être fidèle à la tradition, ce n'est donc pas l'enfermer dans les formes d'hier, mais l'offrir à nouveau comme une fenêtre par laquelle l'Esprit peut respirer aujourd'hui. Les icônes ne sont fidèles que lorsqu'elles sont transparentes à ce qu'elles signifient. Il en va de même pour la tradition. Elle n'est véritablement tradition que lorsqu'elle renvoie au-delà d'elle-même, vers le Christ, vers l'Esprit, vers l'amour éternel du Père.

L'Église, icône vivante de l'amour de Dieu, ne témoigne pas de sa propre grandeur. Elle témoigne de Celui qui s'est fait chair, qui demeure encore parmi nous et qui, dès maintenant, renouvelle toutes choses.

### Se souvenir de l'avenir, la tradition comme espoir

Le cheminement de la Tradition, de la mémoire à la correction et à l'iconographie, trouve son impulsion dans l'espérance, une espérance déjà incarnée dans l'Eucharistie, où mémoire et promesse convergent. Ce rythme sacramentel, porté par l'Esprit, ancre la confiance de l'Église en Dieu qui renouvelle toutes choses. Dans cette dernière partie, l'Église est appelée à se souvenir non seulement de ce que Dieu a fait, mais aussi à croire en ce qu'il a promis. L'espérance transforme la mémoire en mission et la doctrine en promesse, un mouvement porté par le souffle de l'Esprit. De même que la mémoire est animée par la présence de l'Esprit, de même l'espérance est l'énergie porteuse de l'amour divin qui maintient l'Église tournée vers l'avenir de Dieu. L'Église se souvient, vivant l'avenir par le souffle de l'Esprit, animée par l'amour toujours présent.

La tradition remplit sa fonction lorsqu'elle devient un vecteur d'espérance. Elle est la mémoire de la fidélité de Dieu, animée par la confiance en son avenir. L'espérance eschatologique précède toujours le passé historique. Parce que la présence de l'Esprit est à la fois souvenir et promesse, la mémoire devient participation à ce qui sera.

L'espérance chrétienne n'est pas l'optimisme, mais la confiance dans la personnalité de Celui qui a fait la promesse. Comme l'observait Wesley, les commandements de Dieu sont toujours revêtus de ses promesses. Elle ne s'enracine pas dans le progrès humain, l'ingéniosité ou la pensée positive. Elle est ancrée dans la personnalité de Dieu, le Dieu qui a ressuscité Jésus d'entre les morts et qui mènera toutes choses à leur terme. Pour l'Église, l'espérance n'est pas une aspiration, mais une participation à une promesse déjà vivante en nous. Cette espérance témoigne même au milieu des souffrances et des atermoiements, car elle sait que l'Esprit soupire avec nous et pour nous dans l'attente de la rédemption de toutes choses.

L'espérance est le refus de laisser le passé déterminer l'avenir; c'est la détermination de vivre maintenant dans la paix promise. Cette vision réconciliatrice non seulement restaure les relations, mais fait écho à la promesse eucharistique: un avant-goût du banquet eschatologique où les ennemis deviennent des invités et les étrangers des parents. Ainsi, la réconciliation devient sacramentelle, incarnant l'espérance d'un monde nouveau. L'espérance chrétienne est toujours liée à la réconciliation. Se souvenir de l'avenir signifie se souvenir fidèlement, en ayant à l'esprit la justice, le pardon et l'acceptation des ennemis.

La tradition devient porteuse d'espérance lorsqu'elle s'appuie sur la promesse, lorsqu'elle permet à l'Eucharistie d'incarner l'avenir qu'elle anticipe. Dans la fraction du pain et le partage de la coupe, l'Église accomplit une mémoire tournée vers l'avenir: un acte anamnétique où la mémoire sacramentelle fusionne passé et promesse en une seule grâce présente. Ce moment à la Table incarne le rythme théologique de l'Église, la mémoire en mouvement, où la doctrine est non seulement rappelée mais anticipée, faisant de l'Eucharistie une expression d'espérance tournée vers l'avenir.

C'est un sacrement qui non seulement rappelle l'amour désintéressé du Christ, mais aussi la joie et la justice du festin à venir qu'elle voit et goûte. Cette espérance incarnée incite l'Église à oser parler avec une nouvelle grammaire d'amour, rompue, bénie et redonnée, comme le pain de la Table, en avant-goût du banquet à venir. Dans cette optique, la tradition devient sacramentelle, elle risque un nouveau langage lorsqu'elle se laisse rompre, bénie et redonnée, comme le pain de la Table, en avant-goût du banquet à venir. Elle ne se contente pas de préserver ou de défendre le passé; elle fait confiance à la promesse de Dieu. Et par l'énergie de l'amour divin, elle devient le pain du monde, rompu, béni et redonné, en signe du Christ qui revient toujours.

L'Église, corps du Christ, est le lieu où mémoire et espérance se rencontrent, où les saints chantent aux côtés de ceux qui cherchent, et où l'Esprit insuffle une vie nouvelle aux vieux os. Se souvenir, c'est suivre la voie de Jésus. Alors que Jésus grandissait en sagesse et en stature en faisant confiance à l'Esprit, il est devenu le Christ, celui qui incarne l'énergie de l'amour de Dieu et nous montre comment marcher dans la confiance et l'amour. Se souvenir, c'est porter les histoires des fidèles dans des lieux qu'ils n'auraient jamais imaginés. C'est recevoir ce qui a été transmis avec gratitude et l'offrir à nouveau avec le courage de l'amour, ce même amour qui a ressuscité notre Seigneur du tombeau. C'est faire confiance à l'Esprit qui est descendu à la Pentecôte et qui continue de descendre, qui parle encore, qui forme un peuple aux langues et aux traditions multiples, empli de l'énergie de l'amour, pour la vie du monde.

La tradition ne restera crédible que si elle demeure porteuse d'espérance. Seulement si elle continue de confesser le Christ non pas comme une relique, mais comme une présence vivante. Seulement si elle enseigne à l'Église à se souvenir, non pas dans la peur, mais dans la foi. Non pas pour défendre le passé, mais pour proclamer l'avenir promis de la Nouvelle Création. Non pas pour ériger des monuments aux certitudes d'hier, mais pour devenir, dès maintenant, un avant-goût de ce qui sera.

Se souvenir de l'avenir, c'est réunir le passé et l'avenir dans le présent comme un don. C'est marcher sur la voie du Christ, chanter d'anciens chants avec de nouveaux vers, devenir ce que nous proclamons. La tradition ne restera crédible que si elle demeure porteuse d'espoir, si elle ne se réfère pas à elle-même, mais au Christ ressuscité et qui revient.

Car Jésus est le Christ qui incarne le contenu et l'accomplissement de chaque promesse de Dieu. Il est l'Alpha et l'Oméga, Celui qui nous précède et qui nous appelle. L'Église se souvient de l'avenir parce que le Christ nous y conduit. Il est le chant qui continue à être chanté, la lumière qui continue à se lever, l'amour qui toujours arrive.

Se souvenir de l'avenir, c'est vivre maintenant à la lumière de ce qui sera: une Église transfigurée par l'amour, un monde renouvelé et un chant qui s'élève de chaque langue, tribu et nation, résonnant à travers le temps et au-delà du temps, à la gloire de Dieu.

La tradition n'est donc pas un monument, mais un mouvement, une mémoire en forme d'amour portée par l'Esprit, faisant écho à la promesse: "Voici, je fais toutes choses nouvelles."

La doctrine dont on se souvient est une doctrine transfigurée. Cette transfiguration naît de l'attention contemplative aux gémissements de l'Esprit. La doctrine mûrit grâce à une ouverture imaginative à la surprise divine.

La mémoire nous ancre dans la fidélité de l'Esprit; la correction nous purifie au feu de l'amour de Dieu; l'accomplissement nous ouvre à l'horizon de la promesse; l'incarnation rend visible l'amour dans la communion de l'Église; et l'espérance chante le chant de ce qui sera. En tout cela, l'Esprit façonne une doctrine fidèle, animée par la vie de la foi et de la fidélité du Christ, toujours ancienne et toujours nouvelle, témoignant du Dieu qui était, qui est et qui vient.

*Que l'Église se souvienne, transfigurée par l'amour,*
*jusqu'à ce que toutes choses parlent avec le langage de la grâce et*
*que toute la création se joigne au chant de l'avenir de Dieu.*
*Amen.*

## Chapitre cinq
## La doctrine faite chair
## Formation pour l'avenir de Dieu

*"L'Église change le monde non pas en faisant des convertis mais
en faisant des disciples."*
John Wesley
*"La foi n'est pas l'œuvre d'individus isolés, mais le travail d'une
communauté formée par la Parole et l'Esprit, façonnée à l'image du
Christ par l'amour."*
John Wesley

La doctrine n'est pas seulement confessée et mise en
pratique; elle est aussi enseignée, mémorisée et vécue au fil
du temps. Dans ce chapitre, nous explorons la doctrine
comme pédagogie spirituelle, instrument de formation qui
cultive la foi, l'espérance et l'amour dans des communautés
façonnées par l'avenir de Dieu. Cette formation ne se déroule
pas seulement dans les espaces académiques, mais dans la vie
relationnelle, incarnée et communautaire de l'Église.

### De la mémoire au témoin incarné

Si la tradition est mémoire en mouvement, un
souvenir en avant façonné par le souffle de l'Esprit, alors elle
entre en résonance avec l'identité eschatologique de l'Église.
Elle appelle l'Église à vivre comme une communauté qui
anticipe et incarne dès maintenant l'avenir promis par Dieu:
une communauté appelée à anticiper et à incarner dès
maintenant l'avenir promis par Dieu. La mémoire de l'Église
n'est pas seulement rétrospective, mais anticipatoire. Elle se
souvient pour incarner les promesses de Dieu par des
pratiques présentes d'amour et de témoignage. Ainsi, la
mémoire devient une posture active d'espérance, reliant
l'enracinement historique de l'Église à sa vocation d'avant-
goût de la Nouvelle Création. L'Église ne se contente pas de
penser ou de parler la tradition; elle la chante, la peint,
s'agenouille en elle et la consomme. Elle se souvient en avant

non seulement avec son esprit mais avec ses sens, non seulement dans la doctrine mais aussi dans la doxologie. La promesse de la Nouvelle Création n'est pas une abstraction désincarnée de l'espérance eschatologique, c'est la transfiguration de toute notre humanité et de toutes les choses de la création dans la vie de Dieu.

Lorsque la doctrine respire, elle ne se limite plus aux pages du credo de l'Église: elle devient musique dans le sanctuaire, parfum dans l'huile, icône sur les murs et pain sur la langue de ceux qui sont éveillés au Corps vivant du Christ. L'Église devient non seulement la mémoire de l'amour passé de Dieu, mais aussi son icône vivante et vivante, comme le suggère la théologie orthodoxe orientale, signe visible de la beauté divine et de la communion, transparent au mystère qu'elle proclame: l'amour désintéressé du Dieu trinitaire attirant toute la création vers sa plénitude. La doctrine, dans cette optique, n'est pas une articulation figée du dogme de l'Église, mais une expression dynamique qui façonne et transforme la vie commune de l'Église, façonnant la manière dont les communautés incarnent la grâce, pratiquent le pardon et vivent l'avenir de Dieu avec espérance et fidélité. La doctrine devient la grammaire fidèle de l'amour divin, un langage dynamique qui non seulement informe, mais aussi met en pratique l'amour qu'elle proclame, façonnant les habitudes, les relations et l'imagination de l'Église. Elle cultive non seulement la clarté théologique, mais aussi un mode de vie enraciné dans la grâce et tourné vers l'avenir de Dieu, une communauté formée non pas autour de simples idées, mais autour de la présence vivante du Christ. La doctrine fidèle devient un témoignage transfiguré: mémoire portée par le souffle de l'Esprit, façonnant une communauté de foi dont l'"espérance de la gloire" est déjà amorcée.

Cette incarnation n'est pas ornementale, elle est formatrice. La vie de l'Église devient une pédagogie spirituelle, où la doctrine n'est pas statique, mais façonne les disciples dans l'avenir de Dieu. La doctrine n'est pas un dépotoir d'informations sous forme de propositions théologiques, comme c'est parfois le cas dans certains courants de la scolastique ou du fondamentalisme classique;

c'est une discipline formatrice façonnée par l'espérance eschatologique. Elle enseigne non seulement ce qu'il faut croire, mais aussi comment voir, désirer et agir avec l'amour infini et vulnérable de Dieu.

Le philosophe James K.A. Smith affirme de manière provocatrice que nous ne sommes pas de simples "cerveaux sur des bâtons" qui réfléchissent à notre façon de vivre le monde, mais des créatures fondamentalement désirantes, des êtres liturgiques dont l'amour est habité par des pratiques incarnées. Une anthropologie liturgique comme celle de Smith renforce le rôle de l'Église comme espace pédagogique communautaire et sensoriel. La doctrine n'est donc pas simplement enseignée, mais incarnée par les rythmes du culte et de la vie partagée. De même que les liturgies laïques, comme celles du centre commercial, du stade ou de l'État-nation, façonnent nos désirs par des pratiques symboliques répétées, de même les liturgies ecclésiales nous façonnent par des rythmes sacrés, orientant nos affections vers le Royaume de Dieu. Si la doctrine doit former des disciples, elle doit s'incarner dans des rituels et des rythmes qui orientent le cœur, le corps et la vision vers le Christ, façonnant un peuple dont l'amour est correctement ordonné par l'Esprit.

Une doctrine fidèle contribue à cultiver un habitus saint, une manière d'être en harmonie avec la présence de Dieu dans le monde. Ce faisant, elle renforce l'affirmation centrale du chapitre selon laquelle la doctrine fonctionne comme une pédagogie spirituelle, façonnant non seulement la croyance, mais la personne tout entière pour la vie dans l'avenir de Dieu. La formation se fait autant par le corps et l'imagination que par l'esprit. La doctrine réorganise le désir non seulement pour les individus, mais aussi au sein de la vie commune de l'Église: la formation spirituelle est intimement liée à la réorganisation du désir, un processus non seulement personnel, mais profondément communautaire. Cette transformation du désir s'opère au sein de la vie de l'Église, où la prière, la doctrine et la vulnérabilité partagée réorientent les affections de toute la communauté vers l'amour divin. La prière contemplative devient le creuset où les amours désordonnées sont purifiées et entraînées dans l'aspiration divine. Il ne s'agit pas d'un déni du désir, mais de sa transfiguration, un processus de pédagogie spirituelle par lequel le désir n'est pas effacé, mais affiné par la prière partagée et la participation à la vie de Dieu. La doctrine ne se résume donc pas à la maîtrise du contenu, mais plutôt à la réorganisation du désir de participation trinitaire, où le croyant est attiré par la vie relationnelle avec Dieu, renforçant ainsi le thème de l'amour divin et de la communion du chapitre. La participation consiste à être maîtrisé et transformé par l'amour de Dieu en Christ par l'Esprit, dont l'œuvre aligne nos désirs sur ceux de Dieu.

## Doctrine et sens: fondements théologiques

Ce souvenir incarné nous entraîne sur un terrain théologique qui insiste sur le fait que la doctrine doit engager toute la personne, corps, esprit et imagination. Si la doctrine nous forme pour l'avenir de Dieu, elle doit refléter la logique de l'Incarnation: elle doit prendre forme à travers le corps, la communauté et le temps. La foi de l'Église ne se résume pas à des paroles; elle est chantée, goûtée, priée, touchée et habitée. La doctrine vit de la grâce sacramentelle et de la participation sensorielle. Elle s'apprend non seulement dans les salles de séminaire, mais aussi dans l'huile parfumée de la guérison, la pression de l'agenouillement, la texture du pain et le regard silencieux de l'icône.

Tout comme le Verbe s'est fait chair, la doctrine doit l'être aussi. La doctrine doit prendre forme dans les liturgies, l'éthique et le témoignage incarné de l'Église, se rendant visible dans les actes de miséricorde, audible dans les appels à la justice et tangible dans la vie sacramentelle du Corps du Christ. De même que le Verbe n'est pas resté distant ou désincarné, la doctrine doit entrer dans le monde de l'expérience humaine, du langage et de la chair, se former en communauté et se pratiquer dans l'amour. Ce n'est que lorsque la doctrine s'incarne dans les rythmes de la vie quotidienne de l'Église qu'elle reflète véritablement la logique incarnationnelle qu'elle proclame. Dieu parle non pas dans l'abstraction, mais dans une présence incarnée, comme le soulignent Athanase et Irénée dans leurs théologies de l'incarnation, non pas dans des propositions théologiques, mais en personne. Le Christ incarné est l'image visible du Dieu invisible, la doctrine vivante de l'amour divin incarnée dans l'histoire. Si le Christ est le Verbe incarné, alors la doctrine fidèle doit devenir le langage de l'amour rendu visible, palpable et audible dans la vie de l'Église. La doctrine n'est pas une pensée figée dans le temps, mais un rythme de participation qui est éternel, une grammaire de grâce répétée dans les postures de prière et la musique de la liturgie.

Cette logique sacramentelle trouve une profonde résonance dans la tradition théologique. La Trinité n'est pas une énigme abstraite, mais une réalité relationnelle et économique qu'il faut appréhender à travers la vie incarnée de l'Église. La Trinité économique, l'action de Dieu dans l'histoire, fonde la doctrine sur des pratiques comme l'Eucharistie, le culte communautaire et les gestes d'hospitalité. Ces actes sensoriels et sacramentels ne sont pas de simples symboles, mais sont eux-mêmes formateurs: ils rendent la vie divine visible, audible et palpable. Dans cette optique, la doctrine devient non seulement une affirmation sur Dieu, mais une chorégraphie de participation à la vie de don de Dieu. L'accent mis sur la Trinité économique souligne que l'amour de don de Dieu n'est pas seulement doctrinal dans son contenu, mais sacramentel dans sa présence, intégré au culte incarné de l'Église et formateur des croyants par des pratiques tangibles et sensorielles, invitant l'Église à refléter cette relation divine dans ses pratiques sensorielles et incarnées de culte et de formation. Telle est la forme de l'amour de Dieu partagé avec la création. La doctrine doit donc refléter le mouvement relationnel et économique du don de soi de Dieu. La Trinité économique est la Trinité immanente qui fonde la doctrine sur l'action divine. Ce que Dieu accomplit dans l'histoire, guérir, envoyer, répandre l'Esprit, c'est ce qu'il est éternellement: une communion d'amour. La doctrine devient non seulement un reflet, mais une participation à la rencontre divine, car elle engage l'Église dans le mouvement relationnel et économique du don de soi de Dieu, rendu tangible par la présence sacramentelle et la formation communautaire.

Sarah Coakley intègre cela à la vie de prière, offrant une vision profondément intégrée où formation spirituelle et compréhension théologique convergent. Dans sa théologie de la contemplation, elle propose une vision où la doctrine est intensifiée par le silence, et non contournée. Dans le calme de l'abandon corporel, le croyant est emporté par le mouvement d'amour et de don de soi de l'Esprit. Ici, la doctrine prend racine non seulement dans des propositions, mais dans un désir transformé, dans la réorganisation progressive du cœur par l'attention à la présence divine. La doctrine se forme à travers *une théologie totale*: une théologie qui inclut le genre, le corps et le désir. L'Esprit ne contourne pas le corps; il le sanctifie, attirant même nos désirs vers une résonance divine.

La doctrine se forme, non pas en maîtrisant le contenu, mais en cultivant l'attention, l'abandon et la réceptivité à la beauté divine. La doctrine est une pédagogie du corps et de l'imagination, façonnant une Église qui regarde, attend et désire Dieu avec justesse, qui voit dans l'iconographie une pédagogie contemplative, porteuse d'une vision du désir et de l'incarnation.

Ainsi, la doctrine se forme non pas en maîtrisant le contenu, mais en cultivant l'attention, l'abandon et la réceptivité à la beauté divine. La doctrine est une pédagogie du corps et de l'imagination, façonnant une Église qui regarde, attend et désire Dieu avec justesse. L'icône n'est pas une décoration, mais une porte: elle nous apprend à voir, non en saisissant, mais en prêtant attention. La doctrine, comme l'icône, forme une sorte de vision, entraînant notre regard à percevoir le mystère divin, non comme un objet, mais comme un don. La prière devant l'icône apprend à l'Église à se laisser dominer par la beauté de Dieu, permettant à cette beauté de façonner non seulement son sens esthétique, mais aussi sa compréhension théologique. En formant le regard vers le mystère divin, les icônes façonnent la capacité de l'Église à percevoir et à recevoir la doctrine comme une réalité vécue, relationnelle et pleine de grâce, plutôt que de dominer Dieu avec des définitions et des concepts. Après tout, "Un Dieu compris n'est pas Dieu du tout", dit Francis Turretin.

Une doctrine bien formulée façonne les communautés vers la réconciliation, la joie et la justice. Une croyance désincarnée ne peut transformer le monde. Lorsque la doctrine prend corps dans l'action, elle devient ce qu'elle a toujours été censée être: un habitus d'amour partagé, ancré dans la générosité divine et tourné vers le prochain.

Cette vision transformatrice a des racines anciennes. Grégoire de Nysse décrit la doctrine comme une ascension, une image qui renforce puissamment la vision du chapitre selon laquelle la doctrine est un processus de formation continu et dynamique. La compréhension théologique n'est pas une possession définitive, mais une extension continue vers le mystère divin, ce qui rejoint l'affirmation de ce chapitre selon laquelle la doctrine est une pédagogie de la transformation plutôt qu'un système de croyances statique: non pas la possession d'une vérité statique, mais l'extension de l'âme vers la beauté infinie de Dieu. La compréhension théologique n'est pas une arrivée définitive, mais une participation toujours plus profonde au mystère divin. De même, Augustin, dans ses *Confessions,* présente la doctrine comme une mémoire orante, une vérité qui n'enfle pas l'esprit mais réorganise le cœur. Pour Augustin, la doctrine devient sagesse lorsqu'elle oriente toute la vie vers le Dieu qui est amour.

Toutes ces voix convergent vers une vision doctrinale non pas désincarnée mais doxologique, non pas détachée mais sacramentelle. À la Pentecôte, l'Église n'a pas reçu de manuel ni de plan sous forme de credo. Elle a reçu une flamme, un son, un souffle fulgurant. Les sens ont été enflammés. L'Esprit est descendu non pas comme un texte, mais comme un événement et une rencontre. À partir de ce moment, la doctrine de l'Église s'est forgée non seulement dans la clarté intellectuelle, mais aussi dans une transformation sensorielle: un corps apprenant à entendre la Parole en plusieurs langues, à voir l'invisible dans le pain et le vin, à ressentir la touche divine dans l'huile de l'onction.

La doctrine est donc la grammaire de la participation, une grammaire progressivement révélée. Que ce soit par le regard de l'icône, le silence de la prière, la table eucharistique ou l'aspiration au mystère divin, cette grammaire participative prend forme dans la vie de l'Église comme une chorégraphie de grâce et de transformation. Elle façonne non seulement ce que l'Église pense, mais aussi sa façon d'aimer et ce à quoi elle aspire. Elle ordonne nos sens non par la restriction mais par la résonance, accordant nos yeux à la beauté, nos oreilles à la miséricorde, nos corps à la grâce. La doctrine incarnée devient non seulement la confession de l'Église, mais aussi sa formation: une réalité progressivement dévoilée à travers les pratiques incarnationnelles, iconographiques et communautaires explorées dans cette section, chaque voix théologique contribuant à une grammaire de l'amour divin incarnée, sacramentelle et pédagogique, une manière d'être au monde qui reflète, met en pratique et anticipe l'avenir de Dieu.

## Le connexionnalisme et la pratique de l'amitié

D'une vision sensorielle et sacramentelle de la doctrine, nous parvenons à sa conséquence communautaire: la doctrine comme tissu social de l'amitié divine. La doctrine n'est pas une intuition solitaire, mais un héritage partagé, façonnant un peuple en une communion vivante. Elle façonne non seulement les pensées des individus, mais aussi les affections, les pratiques et les relations qui constituent le Corps du Christ. La doctrine est une grammaire relationnelle, le discours d'une Église qui apprend à aimer. Cette grammaire se développera plus pleinement à travers les voix théologiques qui suivent, chacune contribuant à une vision pédagogique de la doctrine comme incarnée, communautaire et spirituellement formatrice sous la forme du Dieu trinitaire.

Dès ses origines, la vie doctrinale de l'Église s'est forgée dans les repas partagés, les récits remémorés, le pardon mutuel et la diffusion des dons de l'Esprit parmi tous. Dans la tradition wesleyenne, cette vision ecclésiale prend la forme du connexionnalisme, un réseau d'amitiés saintes unies par une doctrine commune, un encouragement mutuel et une mission. Le connexionnalisme n'est pas une structure épiscopale hiérarchique figée, mais un contraste vivant avec celle-ci, évitant une autorité rigide et hiérarchique au profit d'un réseau de relations réciproques façonné par l'Esprit. Il évoque une forme de vie ecclésiale où l'autorité émerge du discernement partagé, de la vulnérabilité et de la responsabilité mutuelle, incarnant la doctrine comme structure formatrice et pédagogique qui façonne la vie communautaire de l'Église. Plutôt que de consolider le pouvoir, le connexionnalisme le distribue par des liens d'alliance d'amour et de mission, témoignant ainsi de la nature contre-culturelle de la communion du Dieu trinitaire.

Contrairement aux systèmes rigides de gouvernance et de contrôle ecclésiaux, hiérarchisés et descendants, qui peuvent occulter la nature relationnelle de l'Église, le connexionnalisme wesleyen évoque une vision contre-culturelle de la vie ecclésiale, marquée par des liens horizontaux de confiance vulnérable, de discernement partagé et de mission collaborative. Il résiste à l'institutionnalisme en incarnant le rythme trinitaire du don et de la réception, de l'intimité mutuelle et de la joie partagée. Ainsi, la doctrine devient non seulement instruction, mais aussi infrastructure, une architecture relationnelle qui incarne la grammaire de l'amitié divine introduite au début de cette section. Ce cadre spirituel forme une communauté qui ne se contente pas d'exprimer des croyances, mais les vit dans la responsabilité mutuelle, la confiance et l'amour. Par l'amitié, la doctrine construit l'Église non seulement en pensée, mais aussi dans les structures vécues de la grâce qui reflètent la communion trinitaire. L'Église, dans cette vision, est un réseau de grâce, un entrelacs d'amitiés spirituelles qui reflètent la vie périchorétique de la Trinité elle-même.

Pour John Wesley, l'amitié chrétienne n'était pas périphérique; c'était un moyen de grâce, un lien où la doctrine s'incarnait dans la vie quotidienne. L'amitié était peut-être le signifiant sacramentel le plus authentique, un moyen visible par lequel nous incarnons la vérité selon laquelle nous sommes devenus des "transcriptions de la Trinité" (Wesley). Cette métaphore suggère que l'Église est appelée non seulement à parler de Dieu, mais à refléter et à participer visiblement à l'amitié relationnelle et communautaire qui caractérise la vie du Dieu trinitaire. De même qu'une transcription transmet le contenu d'un original sous une autre forme, l'Église, par les pratiques de l'amitié, reflète l'amour périchorétique du Dieu trinitaire.

Ce motif d'amitié a une portée à la fois pédagogique et ecclésiologique: l'amitié devient le moyen contagieux par lequel la doctrine est non seulement apprise, mais vécue avec joie, formant une Église dont la structure même témoigne de la communion divine dans l'amour parfait de Dieu. Lors des réunions de classe, des agapes et de la prière partagée, la doctrine n'était pas enseignée comme une théorie, mais vécue comme une confiance et une discipline relationnelles et vulnérables. Wesley comprenait que la formation chrétienne se faisait au sein de communautés animées par l'Esprit, où l'attention et la correction, la joie et la souffrance étaient omniprésentes. La doctrine fidèle, grammaire de l'amour, n'était pas imposée d'en haut, mais donnée et diffusée par l'amitié, façonnant le caractère par la vulnérabilité et l'hospitalité partagées.

L'instinct théologique de Wesley s'inscrit dans le profond courant trinitaire de l'Église, renforçant la vision centrale de ce chapitre: la doctrine est relationnelle, incarnée et formatrice au sein de la vie commune de Dieu. La Trinité n'est pas un lointain casse-tête à résoudre, mais la structure même du salut, la vie de Dieu répandue dans la communion et la fraternité. La doctrine théologique n'est donc pas une spéculation sur les catégories divines, mais la formation des personnes à l'amitié divine. L'Église est une communauté de participation relationnelle à la vie de Dieu, et l'amitié est l'un de ses principaux sacrements.

L'amitié est l'ascension de l'âme vers l'intimité divine. La véritable amitié pousse l'individu au-delà de son repli sur soi, ouvrant son cœur à la participation à l'amour inépuisable de Dieu. La doctrine, dans cette optique, devient la chorégraphie de cette ascension, le scénario par lequel les âmes apprennent à évoluer en harmonie avec le désir divin.

De même, *le De Trinitate* d'Augustin suggère que les relations humaines reflètent la vie intérieure de Dieu. L'amitié est théologique car elle reflète le don et la réception éternels de la Trinité. Pour Augustin, l'Église est appelée non seulement à confesser la Trinité, mais à l'incarner, à devenir une communion où les personnes, dans l'amour, reflètent la vie divine dans la joie et le don mutuels.

Pourtant, cette mutualité doit être préservée de toute distorsion. Les projections hiérarchiques de Dieu déforment la vie de l'Église. La Trinité n'est pas une monarchie à copier, mais une habitation mutuelle d'amour périchorétique, et l'Église doit refléter cela non par la domination, mais par la communion et l'hospitalité inspirées par l'Esprit. L'amitié ecclésiale est l'antidote à l'ecclésiologie autoritaire; c'est la répétition de la liberté dans l'amour qui caractérise la Nouvelle Création.

La doctrine ne doit pas servir d'outil d'exclusion, mais doit former des communautés de réciprocité, où chaque voix et chaque don sont honorés. L'amitié, dans cette optique, n'est pas seulement affection, c'est une architecture ecclésiale de communion, incarnant la grammaire relationnelle de la doctrine introduite au début de cette section. Elle donne une forme tangible aux convictions théologiques de l'Église, transformant l'amour en structure et la communion en témoignage. L'amitié, qui reflète la vie de la Trinité, est une expression structurelle du pouvoir formateur de la doctrine pour édifier le Corps du Christ par la mutualité, la vulnérabilité et la mission partagée. Elle construit l'espace où la vérité est dite avec amour, incarnant la vision initiale de la doctrine comme architecture relationnelle, une grammaire ecclésiale façonnée par la chorégraphie de l'amitié sainte de l'Esprit, où les blessures sont guéries et la joie devient communautaire.

C'est pourquoi la doctrine, fondamentalement, vise autant à former des affections qu'à forger une grammaire de foi. Elle enseigne à l'Église comment demeurer dans l'oikodome, la maison de l'amour trinitaire: une communauté marquée par des repas partagés, un discernement mutuel, un pardon guidé par l'Esprit et une joie réconciliatrice. La doctrine n'est pas un contenu abstrait à télécharger; c'est le langage d'un peuple qui se sanctifie ensemble. Par l'amitié, la doctrine prend chair, révélant que la vie de Dieu n'est pas amassée au ciel, mais diffusée dans le cœur de ceux qui rompent le pain, portent les fardeaux et se bénissent mutuellement dans l'amour.

La vie commune de l'Église, ses amitiés, ses conflits, ses réconciliations, ne sont pas un simple écho de la vie trinitaire, mais une participation à l'être même de Dieu. Les amitiés nouées par la doctrine ne sont pas fortuites. Elles sont des signes sacramentels de la communication de Dieu, des expressions incarnées de la doctrine incarnée.

## Pont liturgique-historique: sources anciennes de la foi sensorielle

La vie incarnée et relationnelle de la doctrine, manifestée par des amitiés saintes et des communautés façonnées par l'Esprit, ne naît pas de manière isolée. Elle est l'épanouissement de racines profondes: la longue mémoire de la foi de l'Église, mise en pratique, et non seulement crue. Depuis les origines, la doctrine chrétienne s'est transmise non seulement sous forme de credo, mais aussi par le culte incarné, les pratiques sensorielles et la participation communautaire. Ces pratiques incarnées ne sont pas périphériques; elles sont des modes fondamentaux de formation doctrinale, mettant en œuvre la chorégraphie de la grâce par laquelle l'Église apprend à vivre au rythme de l'amour divin, façonnant l'imagination, les affections et les habitudes des fidèles. Dans les gestes du culte, les rythmes de la liturgie et la beauté de l'art et de la musique sacrés, l'Église ne se contente pas d'exprimer la doctrine, elle l'apprend, l'habite et s'en façonne. L'Église antique offre non seulement des précédents, mais aussi un fondement théologique: par exemple, Irénée de Lyon écrivait que "notre enseignement est en accord avec l'Eucharistie, et l'Eucharistie confirme notre enseignement", fondant la doctrine sur un culte incarné: la doctrine n'est pas une idée à saisir, mais une vie à vivre. Les Pères ont compris ce que l'Église doit aujourd'hui retrouver: que le culte de Dieu est le terreau de la doctrine.

Dès les premières générations, le salut n'a jamais été imaginé comme une évasion du monde matériel, mais comme sa transfiguration. Ignace d'Antioche, en route vers le martyre, confessait dans sa *Lettre aux Smyrniotes* (6-8) que l'Eucharistie était le ciment de l'unité de l'Église, le lieu où le Corps du Christ, brisé et donné, rassemblait les fidèles en une communion cruciforme. Pour Ignace, le corps ecclésial ne se contentait pas d'accueillir le Christ ressuscité; il devenait son Corps par le sacrement, manifestant le mystère de la doctrine dans la liturgie de la vie.

Justin Martyr, dans sa *Première Apologie,* décrit le culte chrétien comme un événement profondément incarné: les Écritures proclamées à haute voix, les prières élevées, le pain et le vin apportés, bénis et consommés. Il ne s'agissait pas d'un spectacle ni d'une dévotion privée, mais d'une participation au Logos, une liturgie rationnelle et sacramentelle où la vérité de la doctrine n'était pas décortiquée, mais rencontrée. Pour Justin, la doctrine n'était pas récitée en dehors du culte; elle était révélée à travers lui.

Les Pères cappadociens, en particulier Grégoire de Nysse, ont approfondi cette idée. Grégoire considérait la création elle-même comme sacramentelle, une vision mystique qui confirme l'affirmation de ce chapitre selon laquelle la doctrine prend une forme incarnée et sensible. La création n'est pas une matière neutre, mais un médium divin par lequel l'âme est attirée vers une participation toujours plus profonde au mystère de Dieu. Cette vision considère la doctrine non pas comme une vérité détachée, mais comme un voyage transformateur, incarné, dans un monde imprégné de présence divine, attirant l'âme au-delà d'elle-même vers Dieu. La vie chrétienne peut être comprise comme une ascension incessante vers le mystère, où le corps et ses pratiques ne sont pas des barrières, mais des instruments de transfiguration. L'Esprit ne rejette pas la matière; il l'illumine, sanctifiant la matière comme le moyen même par lequel Dieu forme et communique la vie divine. Cette affirmation étaye l'affirmation plus large du chapitre selon laquelle la doctrine n'est ni abstraite ni cérébrale, mais incarnée et participative, façonnée dans les expériences tangibles et incarnées du culte, du sacrement et de la communion ecclésiale. La doctrine, dans cette vision mystique, n'est pas un système abstrait mais l'ordonnancement du désir vers la beauté divine, un voyage de participation, non de possession ou de contrôle.

Ces voix patristiques résonnent profondément dans l'imaginaire wesleyen. John Wesley n'a pas tant tracé une nouvelle voie théologique qu'il a ravivé et réapproprié l'ancienne. Comme il l'écrit dans son sermon "Le caractère d'un méthodiste", son objectif était de raviver l'essence du christianisme primitif, ancrée dans les pratiques et l'esprit de l'Église primitive; il a marché fidèlement sur les traces du "christianisme primitif", ravivant ses instincts sacramentels par le feu de l'amour de Dieu. Comme les Pères, Wesley croyait que la grâce se transmet par le tangible, que la doctrine fidèle s'apprend non par la mémorisation, mais par la prière, le chant, le repas et le toucher. Sa théologie des moyens de grâce ravivait l'ancienne conviction de l'Église: l'Esprit sanctifie non seulement l'âme, mais aussi les sens.

La sensibilité liturgique de Wesley fait écho à la vision d'Augustin, illustrant davantage comment la compréhension doctrinale se forme non par des spéculations abstraites, mais par un culte qui façonne les affections et réorganise le désir dans *les Confessions,* où la connaissance de Dieu naît d'un cœur en harmonie avec l'adoration pour chanter ses louanges. Augustin enseigne que la véritable compréhension ne commence pas par la spéculation, mais par l'humilité et la louange. Pour Augustin comme pour Wesley, l'amitié avec Dieu et le prochain n'est pas un sous-produit de la doctrine, mais son but. Et cette amitié se nourrit dans les rythmes liturgiques de l'Église, où les cœurs sont réchauffés, les corps élevés et les esprits renouvelés.

Dans cette optique, la théologie wesleyenne n'apparaît pas comme une innovation théologique qui crée à partir de rien, mais comme un héritage fidèle. La doctrine de l'Église prend corps dans le corps sanctifié, où la mémoire devient mouvement et la croyance (la foi) devient chant. Des premiers martyrs et mystiques aux hymnes et aux réunions de classe du méthodisme, la doctrine, grammaire de la foi imprégnée de l'amour de Dieu, a toujours été ancrée dans la vie sensorielle de l'Église. Ce modèle durable souligne la continuité entre la théologie patristique et la théologie wesleyenne, non pas comme des traditions divergentes, mais comme un courant commun de formation incarnée. Le retour de pratiques anciennes par Wesley ne reflète pas une innovation, mais une reconstitution fidèle de la compréhension originelle de l'Église selon laquelle la doctrine n'est pas une théorie abstraite, mais une participation incarnée. Ce que les Pères ont pratiqué dans l'encens et l'icône, ce que Wesley a retrouvé dans l'Eucharistie et l'amitié, l'Esprit le souffle encore aujourd'hui dans le Corps du Christ.

La doctrine ne se contente pas d'être pensée; elle aspire à être chantée, priée dans le silence du cœur, ointe par des gestes de guérison et partagée à la table eucharistique, grammaire participative de l'amour divin qui trouve sa plus pleine expression dans la pédagogie de l'adoration, de l'incarnation et de la communion de l'Esprit. Dans cette communion de louanges anciennes et futures, l'Église se souvient, portant sa doctrine dans ses mains élevées dans l'adoration, dans ses cœurs brisés par l'amour et dans ses corps unis au Christ vivant.

## Icônes, musique, liturgie: les dons sensoriels de l'Esprit

La doctrine, lorsqu'elle prend pleinement vie, devient visible dans l'icône, audible dans la musique et kinesthésique dans la liturgie, chacune étant une expression sensible de l'œuvre formatrice de l'Esprit dans l'Église. Ces modes ne sont pas seulement esthétiques; ils sont pédagogiques, façonnant les fidèles par une participation incarnée à la vérité divine. Ces pratiques ne sont pas des embellissements de la théologie; elles en sont l'incarnation, au cœur de la transmission de la doctrine par l'Église, à travers la rencontre vécue et sensible, la grammaire sensorielle de l'amour divin propre à l'Esprit. En elles, la théologie n'est pas seulement enseignée, mais rencontrée, interprétée et chantée. Ce ne sont pas des illustrations de la doctrine; elles en sont la forme de transmission, façonnant non seulement la pensée, mais aussi l'imagination, la mémoire et le désir.

### Icônes: voir la Parole rendue visible

La théologie se peint dans le silence d'une icône. Les icônes font avec la couleur et la lumière ce que l'Écriture fait avec le langage et le récit: elles incarnent la grammaire participative de l'Église, façonnant l'imagination théologique par la rencontre visuelle, tout comme l'Écriture la façonne par le récit. Les icônes enseignent non seulement en représentant, mais en invitant le spectateur à la contemplation, devenant des fenêtres pédagogiques à travers lesquelles la doctrine est non seulement perçue, mais intériorisée. Les icônes rendent visible le mystère du Verbe fait chair. En contemplant une icône, l'Église ne se contente pas d'observer, elle assiste. L'icône ne représente pas l'absence; elle révèle la présence. Elle entraîne l'œil à percevoir la réalité transfigurée: le monde baigné de lumière divine. Ici, l'acte de voir devient contemplation, et l'image devient une fenêtre sur le Royaume.

Dans cette théologie visuelle, on retrouve des échos de la mystique du regard de Grégoire de Nysse, où la contemplation n'est pas statique, mais mouvement. Les icônes ne sont pas de simples artefacts historiques ou esthétiques; elles sont des portes par lesquelles l'Esprit élève l'âme vers l'union avec le Christ. Dans cet acte contemplatif du regard, l'icône façonne la perception théologique, invitant le spectateur à prêter attention, à recevoir et à se laisser former par la beauté divine, qui devient elle-même une pédagogie doctrinale.

*Musique: Doctrine chantée dans l'âme*

Si les icônes sont des peintures théologiques, la musique est une théologie insufflée. La musique sacrée n'est pas le fond de la vie chrétienne; elle en est le pouls. Des cadences ancestrales du chant grégorien à la puissance poétique des hymnes wesleyens, l'Église a toujours su que la doctrine chantée devient une doctrine mémorisée et désirée. La musique façonne les sentiments en inscrivant les vérités théologiques dans le rythme et le ton, touchant le cœur par la répétition et la résonance émotionnelle, démontrant que lorsque la doctrine est chantée, elle s'enracine dans la mémoire et éveille le désir, comme nous l'avons vu plus haut dans ce chapitre. Ainsi, le chant devient à la fois catéchèse et désir, la doctrine non seulement comprise, mais aimée.

Augustin, dans *les Confessions* (Livre X) et *le De Musica* (Livre VI), affirme que la musique non seulement enchante, mais élève l'âme. Le chant, écrit-il, est une forme de prière intensifiée, car "qui chante prie deux fois". La mélodie et la mesure façonnent la mémoire, formant non seulement l'intellect, mais aussi les émotions. Lorsque l'Église chante la foi, elle aligne son cœur et sa voix sur la musique céleste. Des hymnes comme "Love Divine, All Loves Excelling" de Charles Wesley ne sont pas des ornements, mais une formation théologique sous forme lyrique.

La musique incarne aussi le souffle de l'Esprit. Par le chant, la communauté aspire de l'Esprit la vérité, énergie de l'amour de Dieu, et exhale par ce souffle une louange infinie au Dieu trinitaire. L'Église apprend à désirer justement en chantant la beauté de la sainteté. La doctrine, chantée ou harmonisée, ne perd pas de son sérieux, elle s'incarne plus profondément, touchant l'imagination par le ton et la cadence, le rythme et le refrain.

## Liturgie: la doctrine en mouvement

La liturgie est une théologie mise en scène, synthèse incarnée de l'icône et de la musique, intégrant les dimensions visuelles et auditives de la doctrine au rythme corporel de la grâce de l'Église. C'est aussi une pédagogie incarnée par laquelle la doctrine est non seulement énoncée, mais vécue, intégrant et approfondissant la formation théologique initiée par l'icône et la musique. Si l'icône forme l'œil à la beauté divine et si la musique éduque l'oreille à la recherche de la vérité, la liturgie rassemble ces sens dans un rythme sacré de mouvement et de parole, enseignant à tout le corps à demeurer dans l'amour de Dieu. La liturgie façonne l'imagination spirituelle et les habitudes d'amour de l'Église.

La liturgie est la chorégraphie de la grâce de l'Église, où le corps apprend la doctrine par les gestes, la posture, le silence et le sacrement. En s'agenouillant pour confesser, en se levant pour proclamer, en se couvrant le front d'huile sainte ou en recevant l'Eucharistie les mains ouvertes, l'Église accomplit sa théologie, non pas de manière abstraite, mais corporelle. La liturgie n'est pas une simple action symbolique; c'est l'école de formation de l'Esprit.

La liturgie est l'espace où la doctrine trinitaire devient réalité relationnelle. Non seulement elle proclame la Trinité, mais elle reforme le peuple de Dieu à son image. Elle est le rythme par lequel nous sommes entraînés dans la circulation éternelle de l'amour divin, manifesté par la Parole et la Table, l'intercession et l'action de grâce. La forme de la liturgie devient la forme de la doctrine vécue. La liturgie est une rencontre structurée avec Dieu.

Ici, les sensibilités wesleyenne et patristique convergent à nouveau. La théologie liturgique de John Wesley, façonnée par la pratique chrétienne antique, était animée par cette conviction même: la grâce ne se reçoit pas seulement en pensée, mais aussi par le mouvement et le chant, par l'eau et le vin, par les rythmes réguliers du culte communautaire. Pour Wesley, s'agenouiller à la balustrade, chanter avec l'assemblée, partager les prières du peuple, étaient autant de formes de formation doctrinale.

## Une pédagogie sensorielle de l'amour

Icônes, musique et liturgie forment le cœur sensoriel de la pédagogie chrétienne. Par la vue, l'écoute et la pratique, elles façonnent la perception, la mémorisation et l'incarnation de la doctrine dans des pratiques par lesquelles elle s'incarne, façonnant l'Église pour la communion avec Dieu et la formation à son avenir. La doctrine n'est pas portée comme une donnée, mais comme un plaisir. Elles inscrivent la théologie dans le corps, l'animent dans le cœur et lui font écho dans l'imagination. La doctrine n'est pas seulement ce que l'Église affirme; c'est ce qu'elle voit, chante et pratique, un langage de foi façonné par le souffle de l'Esprit et les gestes du culte.

Ces pratiques ne sont pas marginales. Elles sont des moyens sacramentels de formation doctrinale. Par elles, l'Esprit fait de l'Église un signe vivant de l'avenir de Dieu, façonnant le Corps du Christ pour témoigner du Royaume à venir de manières incarnées et communautaires, où l'Esprit enseigne par la beauté, le mouvement et le son. La doctrine vit lorsqu'elle est peinte d'or, portée par la mélodie et tracée dans le signe de la croix. Par ces dons, l'Esprit non seulement instruit l'esprit, mais éveille l'âme à la joie de connaître Dieu.

## L'Église comme icône de la Trinité

Tout cela – icône, musique, liturgie, amitié, mémoire – nous conduit à la vocation profonde de l'Église: devenir une icône vivante de l'amour trinitaire. Cette section rassemble les fils sensoriels et sacramentels du chapitre en une synthèse ecclésiologique, présentant l'Église non seulement comme réceptrice de la doctrine, mais comme son expression visible, un corps formé par l'Esprit à travers lequel la grammaire de l'amour divin est vécue, mise en pratique et incarnée dans le monde. L'Église ne se contente pas de dire la doctrine; elle l'incarne. Après avoir retracé les formes incarnées de la formation doctrinale, nous nous tournons maintenant vers le cœur ecclésiologique de ces pratiques: l'Église elle-même, communauté formée par l'Esprit, dans laquelle la doctrine devient visible, audible et relationnelle. Ces pratiques sensorielles et sacramentelles ne sont pas des fins en soi. Elles convergent pour former l'Église comme pédagogie vivante, une communauté où la doctrine prend chair, entraînant les cœurs et les corps à vivre au rythme de l'amour divin. Ce sont des chemins de formation qui conduisent l'Église à la communion avec le Dieu qu'elle proclame.

Confesser la Trinité, c'est confesser que l'être même de Dieu est communion, Père, Fils et Saint-Esprit, habitant éternellement l'un dans l'autre dans un amour infini et vulnérable. Cette vie divine n'est pas une essence statique, mais un échange dynamique: la joyeuse périchorèse du don et de la réception. La doctrine exprime fidèlement cette vérité, mais l'Église la met en pratique. L'Église devient une icône de la Trinité lorsqu'elle vit ce rythme, pardonnant, servant, célébrant, réconciliant et s'offrant pour le monde.

L'Église ne vit que dans la mesure où elle participe à la vie du Dieu trinitaire. La communion n'est pas facultative, elle est son ontologie. Après tout, l'être même de Dieu est amour. En se rassemblant, sous l'impulsion de l'Esprit, l'Église devient un sacrement de relation divine, incarnant l'amour trinitaire dans l'histoire. Ce que Dieu accomplit dans l'histoire du salut révèle qui il est éternellement. Si cela est vrai, alors chaque moment de communion, chaque acte de réconciliation, chaque partage eucharistique et chaque amitié façonnée par l'Esprit est une participation à la vie même de Dieu. L'ecclésiologie n'est donc pas une branche distincte de la théologie, c'est une doctrine en mouvement, une doctrine comme vie chorégraphiée par l'Esprit.

Catherine LaCugna décrit l'Église comme "l'icône vivante du don de Dieu". Ainsi, orthodoxie et orthopraxie sont indissociables: nous connaissons la Trinité non pas par des spéculations abstraites, mais en devenant un peuple dont la vie reflète la communion divine. L'Église n'est icône que dans la mesure où elle vit comme sacrement de l'amour de Dieu, vulnérable, hospitalière, relationnelle et joyeuse. La doctrine juste ne se réduit pas à une exactitude conceptuelle; elle est fidélité relationnelle. L'Église n'est pas simplement le public de la révélation divine, mais une scène sur laquelle se déroule le drame de la rédemption. Elle participe au drame divin de l'amour, où la doctrine se déploie non pas comme un monologue, mais comme une incarnation communautaire, un scénario incarné par le culte, la mission et la mutualité. L'Église ne se contente pas de dire des choses vraies sur Dieu; elle les met en pratique, devenant un signe visible de l'histoire trinitaire.

Cette performance n'est pas une chorégraphie institutionnelle, mais une transformation mystique. La véritable connaissance de Dieu ne vient pas de la précision analytique, mais de la transfiguration progressive de l'âme dans l'amour, une ascension mystique vers la beauté divine qui reflète l'affirmation de ce chapitre selon laquelle la doctrine est un processus dynamique et participatif. L'Église devient la communauté qui se transforme ensemble, s'élevant, par la doctrine comme participation, vers la vie même de Dieu, où l'amour façonne et soutient toute formation, pour ainsi dire, vers la vie de Dieu. Son unité n'est pas principalement structurelle, mais sacramentelle, signe de sa participation continue à la vie unitive du Père, du Fils et de l'Esprit.

Cette unité n'efface pas la diversité, mais la célèbre, faisant écho à la vision trinitaire de l'unité dans la différence, où des personnes distinctes vivent en parfaite communion. Une telle vision théologique forme l'Église à témoigner non pas par l'uniformité, mais par la fidélité relationnelle, une doctrine incarnée dans l'harmonie de la différence qui reflète la réciprocité du Père, du Fils et de l'Esprit. L'Église n'est donc pas unie dans l'amour unitif par la conformité institutionnelle, mais par le don contagieux de la communion, une communion qui reflète l'amour mutuel et la distinction des personnes divines. La doctrine, en ce sens, n'est pas un système clos, mais une chorégraphie dynamique, le rythme par lequel l'Église apprend à aimer comme Dieu aime.

La sainteté wesleyenne est précisément cela: l'amour parfait dans la communion, la doctrine formée selon la grammaire de l'amour incarné par l'Esprit dans le culte, les amitiés et le témoignage de justice de l'Église. Pour Wesley, la sanctification n'est pas une piété privée, mais une joie partagée, une sainteté qui unit le croyant à Dieu, à son prochain et à la création dans l'amour. L'Église sanctifiée ne se contente pas de refléter la Trinité; elle y participe. Dans ses prières et ses amitiés, dans ses sacrements et ses chants, dans sa justice et sa miséricorde, l'Église devient, dans sa chair et sa fragilité, une icône vivante de la danse éternelle, rayonnante de la vie de Dieu pour la vie du monde.

**Dévoilement apocalyptique: Gémissements vers la gloire**

Après avoir contemplé l'Église comme une icône vivante de l'amour trinitaire, nous devons maintenant la suivre dans la douleur du monde. Cela marque un passage de l'ecclésiologie à l'eschatologie, où la doctrine passe de la formation contemplative au sein du Corps au témoignage public au milieu des fractures de l'histoire. L'icône entre désormais dans la lamentation, portant l'espérance dans les gémissements du monde. L'Église ne reflète pas seulement la vie de Dieu par les vitraux et le chant sacré; elle témoigne aussi par les larmes, les cendres et les protestations. Être icône, c'est aussi être témoin, vivre fidèlement dans une création gémissante, portant les blessures de l'histoire tout en proclamant "l'espérance de la gloire".

L'icône de l'Église est peinte non seulement d'or, mais aussi de douleur. La doctrine, si elle est vraie, doit apprendre à gémir, une grammaire d'espérance façonnée par la souffrance, accordée à la lamentation et au désir, et parlant le dialecte de la résilience inspirée par l'Esprit – une grammaire d'espérance façonnée par la souffrance, prolongeant la grammaire participative explorée plus haut dans ce chapitre. Ici, cette grammaire est façonnée non seulement par la beauté et la louange, mais aussi par la lamentation, la protestation et la résilience inspirée par l'Esprit, pour parler le dialecte de la lamentation, du désir et de l'espérance résiliente. Elle doit faire écho au cri de la création elle-même qui, comme l'écrit Paul, gémit dans les douleurs de l'enfantement, attendant la rédemption. L'Esprit, lui aussi, gémit avec des soupirs indicibles. Dans un tel monde, la doctrine ne peut être une spéculation détachée; elle doit devenir un courage poétique, nommant à la fois le rayonnement et la rupture, le déjà et le pas-encore.

Dans son ouvrage phare, *L'Imagination prophétique,* Walter Brueggemann nous rappelle que l'imagination prophétique s'enracine dans la lamentation, la poésie et l'espérance. La théologie n'est pas une réflexion passive, mais une résistance imaginative et une formation génératrice. Ce discours imaginatif, perturbateur et porteur d'espoir, qui re-perçoit la réalité et appelle à la nouveauté, nourrit une vision plus large de la doctrine, non seulement comme critique, mais comme formation eschatologique créative, qui ne consiste pas à prévoir l'avenir, mais à re-percevoir la réalité. Elle ose voir ce que l'empire cache, dire ce qu'il tait. La vision prophétique engendre l'espoir en perturbant l'engourdissement et en démantelant les fausses fatalités. Elle appelle à la nouveauté dans les ruines. Lorsque l'Église embrasse cette vocation, la doctrine devient parole prophétique, non plus un système défensif du passé, mais un chant nouveau sur une terre épuisée, un langage né de la lamentation et soutenu par une joie obstinée.

Dans ce mode prophétique, Karl Rahner insiste sur le fait que la théologie doit être à la fois mystique et historique. Elle ne peut rester dans les nuages; elle doit naître de la poussière, d'une prière enracinée dans les blessures et d'une vision forgée dans la croix de l'histoire. La doctrine devient fidèle lorsqu'elle porte le poids de l'histoire et marche avec le crucifié, refusant le déni et le désespoir. Les prophètes d'Israël, auxquels Rahner fait écho, ne parlaient pas en terrain neutre. Telles une icône façonnée par la lumière de l'avenir de Dieu, les prophètes voyaient non seulement ce qui était, mais aussi ce qui pourrait être, nommant la réalité à partir de la grammaire de l'amour et de l'espoir du devenir divin. Ils voyaient depuis l'avenir, leurs langues enflammées du feu divin, brisant la complaisance et appelant un peuple à s'éveiller.

La doctrine devient apocalyptique lorsqu'elle dévoile ce qui est caché, lorsque, comme l'icône, elle révèle la vérité divine non par L'abstraction, mais la participation, la souffrance et l'espérance. Tout comme l'icône révèle la présence par la forme et la lumière, la doctrine apocalyptique dévoile la gloire sous le chagrin et la promesse sous la ruine, un autre mode de vision théologique par lequel l'Église apprend à voir l'avenir de Dieu percer dans le présent. En devenant apocalyptique, la doctrine révèle la gloire qui s'agite sous la ruine, l'Esprit qui respire sous le silence, le Dieu qui vient maintenant.

Il ne s'agit pas d'une doctrine d'évasion, mais d'un perpétuel devenir. L'eschatologie nous rappelle que le cheminement de l'âme vers Dieu n'est jamais achevé, une vision qui souligne l'affirmation de ce chapitre selon laquelle la doctrine est un cheminement constant vers Dieu et n'est jamais achevée tant que tous ne sont pas réunis dans l'amour divin. Sa théologie de la transformation permanente appelle l'Église à rester ouverte à la surprise, toujours à l'écoute de la grâce régénératrice de l'Esprit, toujours tendue vers la plénitude de la gloire.

Miroslav Volf appelle cette posture "embrasser la mémoire", une manière d'accepter la souffrance sans vengeance, de se souvenir d'une manière qui ouvre à la réconciliation et à la justice. La doctrine ne doit pas être instrumentalisée pour préserver le statu quo. Elle doit devenir un ferment de renouveau, une vision d'espoir qui germe dans les fissures de l'injustice, s'avançant vers le Royaume où tous seront restaurés.

Une telle doctrine évolue, non pas parce que la vérité selon laquelle Dieu est amour change, mais parce que l'œuvre dynamique de l'Esprit renouvelle continuellement le langage et la vie de l'Église. L'Esprit s'attache fermement au cœur de l'Évangile, préservant son essence tout en renouvelant continuellement sa voix pour chaque génération, tout en remodelant sa forme pour chaque génération, préservant son essence tout en suscitant de nouvelles expressions de grâce et de témoignage. Comme l'amour de Dieu est immuablement fidèle, l'Esprit qui continue à répandre l'énergie de son amour sur toute la création n'est pas statique. Il n'est pas le conservateur de reliques de musée, mais la flamme qui transfigure les paroles mortes en témoignage vivant. Il souffle à travers les fissures de nos formulations, dans le silence devant une icône, dans l'envol d'un hymne, dans l'étreinte de l'amitié, dans le contact d'une huile de guérison, ravivant d'un feu nouveau les vérités usées. L'Esprit révèle sans cesse ce que le Christ a déjà révélé: que l'amour ne faillira pas et que la justice est encore possible, car le but de la justice de Dieu est toujours l'amour.

Dans chaque acte de défiance eucharistique, chacun étant une forme de doctrine incarnée, dans chaque marche de protestation qui chante la lamentation et refuse le désespoir, à chaque instant où l'espoir est à nouveau menacé, la doctrine est renouvelée. Non pas rejetée, mais transfigurée. Entre les mains de l'Esprit, l'Église apprend à voir d'un œil nouveau, à parler de nouveau, à gémir vers la gloire, confiante que même maintenant, même ici, le Royaume est proche.

## L'Eucharistie comme mémoire apocalyptique et avenir

L'Eucharistie est le lieu où la doctrine est assimilée, où la pédagogie participative et sensorielle de l'Esprit atteint sa forme la plus intime. Dans cet acte de nourriture partagée, la doctrine n'est pas seulement entendue ou vue, mais intégrée au corps, devenant la grammaire vivante de la grâce. Ici, le temps s'infléchit et l'éternité approche: le sacrifice passé rencontre la gloire future, et le Christ ressuscité n'est pas simplement rappelé comme un événement, mais reçu comme nourriture, le festin d'une vie nouvelle et éternelle. Dans le pain rompu et le vin versé, l'Église ne se contente pas de réciter ses croyances. Elle les mange. Elle accueille en elle Celui qui est vérité, communion et vie.

Dans ce repas sacré, la doctrine devient présence, non pas un concept à décortiquer, mais une réalité à rencontrer. Elle n'est pas abstraite, mais incarnée: mise en pratique, reçue et partagée. Faisant écho à la vision du chapitre selon laquelle la doctrine est une performance, cette présence devient un témoignage tangible de l'amour divin, transmis entre des mains tremblantes et vécu dans la communion des saints. L'Église reçoit non pas un symbole, mais le Christ vivant, qui se donne encore et encore, non pour être disséqué, mais pour être goûté, digéré et partagé. Comme l'a dit Henri de Lubac: "L'eucharistie fait l'Église." Dans cet acte, la doctrine n'est pas discutée, mais ingérée. Le Christ est non seulement proclamé, mais consommé. Le Corps du Christ devient ce qu'il mange: communion pour un monde fragmenté.

Dans l'Eucharistie, la mémoire n'est pas un simple rappel mental, mais une transformation sacramentelle. L'Église ne se contente pas de se souvenir du Christ; elle est rappelée au Christ, rassemblée par-delà le temps, l'espace et les différences en un seul Corps façonné par l'amour. Cette transformation eucharistique n'est pas simplement personnelle, mais ecclésiale, voire cosmique. L'identité de l'Église est fondamentalement eucharistique: à la Table, l'Esprit rassemble les croyants dans le Corps à travers le temps et l'espace, rendant visible l'irruption du Royaume dans l'histoire. La Table n'est donc pas un simple symbole, c'est un dévoilement apocalyptique faisant écho à la vision de la révélation et à l'espérance qui gémit. De même que la doctrine apocalyptique dévoile la vérité divine à travers la souffrance et la promesse, de même l'Eucharistie, révélant l'avènement de l'avenir de Dieu sous la forme du pain rompu et du vin versé, révèle l'avènement de l'avenir de Dieu par le pain rompu et le vin versé. Ici, l'Église ne se contente pas de se souvenir, elle contemple le mystère dévoilé de l'amour du Christ incarné pour le monde. L'Eucharistie est le cœur eschatologique de la doctrine incarnée. C'est une apocalypse, un dévoilement de ce qui est déjà vrai et pourtant à venir.

L'Église peut, comme le suggérait Hans Urs von Balthasar, être envisagée comme un "acte théodramatique", et l'Eucharistie comme sa scène culminante, où la doctrine devient performance, la théologie drame et l'amour comestible, signe vivant de la pédagogie sensorielle et de la théologie incarnée de la doctrine. Dans le drame liturgique de la Parole et de la Table, l'Église ne se contente pas de parler de Dieu; elle participe à l'accomplissement divin de la grâce. L'Eucharistie est la scène où la vie trinitaire se manifeste dans les gestes d'offrande, de réception et d'envoi. Dans la Parole et la Table, la théologie devient liturgie, l'amour comestible. Dans cette vision relationnelle, nous vivons l'Eucharistie comme l'expression ultime de la vie trinitaire partagée avec le monde. C'est là que la théologie devient louange et que le mystère divin devient présence et don de soi. L'Eucharistie, selon sa vision, est le lieu où l'Église est véritablement elle-même: une communion fondée sur l'amour débordant de Dieu.

Et si l'Eucharistie nous rassemble dans la vie de Dieu, elle nous ouvre aussi vers son avenir. Karl Rahner appelle l'Eucharistie le "véritable symbole" de l'avenir de Dieu, non pas un espace réservé, mais une actualisation sacramentelle de la grâce. Dans ce repas, l'Église goûte non seulement le pardon, mais aussi l'avenir transfiguré: le monde à venir fait irruption dans le présent, l'eschaton offert dans une coupe. La doctrine n'est plus ici une théorie; c'est une eschatologie comestible, un acte sacramentel qui rappelle le passé du Christ et anticipe son avenir promis, unissant l'Église dans l'espérance de la gloire, avant-goût du monde renouvelé. La Table n'est pas la conclusion de la foi, mais son commencement, la subsistance d'un peuple vivant ensemble dans l'espérance promise de la Nouvelle Création.

L'Eucharistie n'est pas un rituel statique, mais une ascension dynamique. Elle nourrit l'âme dans son cheminement vers la beauté inépuisable de Dieu. Le pain et le vin ne sont pas la conclusion, mais le commencement, la nourriture du pèlerinage vers l'étreinte divine. L'Eucharistie offre la grammaire de la foi, une pédagogie façonnée par l'Esprit où la doctrine devient formation en communion, où la doctrine s'incarne, se met en pratique et se charge d'eschatologie. L'Eucharistie ne fait pas seulement l'Église; elle façonne sa grammaire de la foi. Ici, l'Esprit rassemble mémoire, corps et espérance en une seule sainte communion. La doctrine devient matière du sacrement: vérité ingérée, grâce brisée, espérance incarnée. À la Table, l'Église se reforme à nouveau et devient l'icône du monde à venir.

Confesser la doctrine, ce n'est donc pas seulement exprimer la vérité, mais l'habiter, façonné par la table eucharistique et façonné par la grâce en une confession vécue qui incarne ce qui a été reçu à la table eucharistique, où la doctrine devient l'expression culminante de la pédagogie, façonnée par l'Esprit et mise en œuvre sacramentellement, qui façonne l'Église pour l'avenir de Dieu. Confesser, c'est vivre dans la vérité, façonné par la grâce et nourri par la communion, où la foi est non seulement proclamée, mais vécue. C'est la chorégraphie de la vie sainte par l'Esprit, accomplie dans les amitiés, les sacrements, la musique, les liturgies et le témoignage. C'est une grammaire de communion qui apprend au Corps à voir, à servir et à chanter le monde dans une possibilité transfigurée.

Formée par la mémoire, corrigée par l'amour, mise en pratique par les sens et accomplie dans l'espérance eucharistique, la doctrine devient la confession vivante d'une Église en pèlerinage. Elle est le chant des saints et l'école de l'âme. De l'icône peinte à l'hymne murmurée, du pain partagé aux larmes partagées, l'Église vit la doctrine non par abstraction mais par incarnation, devenant ce qu'elle professe.

Lorsque la doctrine respire, elle forme des disciples qui sont des iconographes de la grâce, des artisans de l'espérance et des participants de l'Amour trinitaire de Dieu d'éternité en éternité.

**Conclusion: La doctrine comme chorégraphie de l'amour de l'Esprit**

Après avoir retracé l'Eucharistie comme lieu culminant de la doctrine incarnée, nous réaffirmons maintenant que la doctrine, dans sa profondeur la plus profonde, n'est pas un système à mémoriser, mais une vie à vivre, une grammaire de grâce nourrie par les sacrements et façonnée par la louange, qui forme un peuple à l'image du Christ. Dans ce chapitre, nous avons retracé le pouvoir formateur de la doctrine, non pas comme théorie abstraite, mais comme pédagogie façonnée par l'Esprit qui forme l'Église à la foi, à l'espérance et à l'amour. La doctrine naît dans la mémoire et se déploie dans le témoignage incarné; elle chante dans la musique sacrée, resplendit dans les icônes, se meut dans la liturgie et trouve sa plénitude à la table eucharistique.

Au cours de ce cheminement, nous avons vu que la doctrine n'est pas un ensemble statique de vérités. C'est une participation dynamique à la vie de don de soi du Dieu trinitaire. L'Église devient l'icône de cette vie divine, non pas par une parfaite clarté d'expression, mais par une formation fidèle, en apprenant à pardonner, à accueillir, à chanter, à servir et à souffrir ensemble dans l'espérance. La doctrine prend corps en nouant des amitiés, en suscitant le désir et en préparant l'Église à devenir une offrande sainte pour le monde.

Nous avons également affirmé que la doctrine doit gémir avec la création, se lamenter, protester et espérer au cœur des fractures de l'histoire. La vraie doctrine est prophétique et apocalyptique; elle ne s'écarte pas de la grammaire de l'Église, mais se déploie à travers le temps, inspirée par l'Esprit. Elle est fidèle au cœur de l'amour révélateur de Dieu, tout en s'exprimant toujours à nouveau dans les crises, les lamentations et les aspirations de l'histoire. Une doctrine fidèle ne se contente pas de répondre aux blessures de l'histoire, mais dévoile l'avenir rédempteur de Dieu par un témoignage imaginatif et l'espérance; elle dévoile la grâce cachée; elle résiste au désespoir et ouvre un avenir non pas de notre création, mais de la promesse de Dieu. Elle ose éclairer l'ombre et invite l'Église à incarner dès maintenant le Royaume à venir.

Et à la table eucharistique, tous ces fils sont réunis. Mémoire et corps, icône et chant, liturgie et amitié, chacun tissé en un tout sacramentel. Ici, l'Église ne se contente pas de se souvenir, mais met en pratique la doctrine comme espérance incarnée et témoignage communautaire, où la grammaire de l'amour divin est rompue et partagée pour la vie du monde. Ici, mémoire et avenir s'embrassent; ici, la doctrine est rompue et partagée, redevenant le témoignage incarné de l'amour, la doctrine incarnée. L'Esprit rend la théologie comestible, communautaire et rayonnante. L'Église ne se contente pas de se souvenir du Christ; elle est remémorée dans le Christ, redevenant ce qu'elle reçoit: l'amour répandu pour la vie du monde.

La doctrine n'est donc pas la propriété de l'Église, mais sa vocation, la pédagogie façonnée par l'Esprit, mise en œuvre sacramentellement, qui prépare l'Église à vivre l'avenir de Dieu. C'est la chorégraphie de l'Esprit pour une vie sainte, une vie qui fait écho à la musique du ciel sur la terre. Elle se vit non pas dans l'isolement, mais dans la communion, non pas par la spéculation, mais par l'incarnation, une vie façonnée par les icônes et l'Eucharistie, par l'amitié et le témoignage, par le chant et le sacrement. Elle forme des disciples qui voient avec les yeux de la miséricorde, chantent avec la voix de la louange, servent avec les mains du Christ et vivent au rythme de l'amour trinitaire.

C'est la doctrine incarnée. C'est la formation pour l'avenir de Dieu.

# Chapitre six
## Doctrine dans la nature
### La grammaire fidèle de l'amour dans un monde fracturé et l'avenir de Dieu

Comme John et Charles Wesley l'ont souvent décrit, nous sommes des "transcriptions de la Trinité" (Wesley). Façonnés par cette image de l'amour trinitaire, nous sommes envoyés dans la nature, comme le furent Moïse et Jésus, sur l'ordre de l'Esprit, pour écrire nos histoires de foi avec la grammaire de l'amour de Dieu, déjà gravée dans la trame de l'univers comme la Sagesse du Créateur, pour la vie du monde. Non seulement notre avenir et celui de toute la création dépendent de ce récit fidèle et continu de l'irruption de la Nouvelle Création, mais l'avenir de Dieu est lié à nos récits surprenants de témoignage fidèle et d'espérance eschatologique. Lorsque notre/nos doctrine(s), nos histoires de foi prennent corps dans la nature, nous inscrivons alors la grammaire de l'amour de Dieu avec le désir de la création qui prépare son avenir et le nôtre dans la Nouvelle Création.

Alors que toute la création soupire pour voir le visage de Dieu, l'Esprit soupire profondément pour que la création puisse pleinement s'imaginer. Restons à l'écoute de l'Esprit, et nous entendrons du plus profond de nous-mêmes que tout ira bien, même dans les ténèbres, et que Dieu est toujours présent, nous invitant à sa présence par le silence et l'abandon, le Créateur trinitaire aspirant avec impatience et désir de contempler le "nouveau visage" de Dieu resplendissant sur toute la création. C'est ainsi que nous apprenons à écrire nos histoires de foi dans la nature, avec la grammaire de l'amour infini et vulnérable de Dieu. C'est une doxologie écrite dans chaque recoin de la création, jusqu'à la "fin de la Nouvelle Création" (Charles Wesley), aussi infinie et éternelle que l'amour infini et vulnérable de Dieu.

**Encadrer le chapitre**
**L'avenir qui nous appelle**

Ce dernier chapitre rassemble les fils de la mémoire, de l'incarnation et du témoignage public dans une vision de la formation ecclésiale fondée sur l'espérance. L'Église ne se contente pas de se souvenir de la doctrine ou de la mettre en pratique dans la nature; elle la façonne pour façonner l'avenir de Dieu, façonné précisément par des contextes imprévisibles où la foi est mise à l'épreuve et où l'amour doit agir. La doctrine, incarnée dans la vie de l'Église, devient un chemin de maturité spirituelle, de discernement communautaire et de mission dans un monde fracturé, marqué par les bouleversements culturels, la crise écologique et les troubles politiques.

Parler de formation, c'est se demander: comment la doctrine façonne-t-elle ce que nous devenons? Quel genre de personnes devenons-nous par les récits que nous répétons, les sacrements que nous recevons et le témoignage que nous rendons? Il ne s'agit pas seulement d'une préoccupation pastorale, mais d'un impératif théologique. Car la doctrine, si elle est vraie, n'est pas statique mais cinétique; elle nous entraîne vers la vie du Dieu trinitaire, vers la création de toutes choses nouvelles.

L'Église doit donc non seulement être enracinée dans la mémoire et résiliente dans le témoignage, mais aussi animée par l'imagination eschatologique. Elle n'est pas la gardienne de vérités anciennes, mais le creuset où la nouvelle création est répétée, anticipée et vécue, un creuset embrasé par la première lumière de la résurrection et façonné par la promesse de l'Esprit de toutes choses renouvelées. Le Royaume de Dieu n'est pas une métaphore vide de sens. C'est un avenir qui a déjà commencé, un avenir dont la première lumière a déjà brillé dans la résurrection du Christ.

La doctrine vécue dans la nature est non seulement fidèle au passé, mais aussi prophétique quant à l'avenir promis par Dieu. Elle est enracinée dans la mémoire et ressuscitée dans l'espérance, marchant vers la Nouvelle Création où toutes choses sont renouvelées. Si la mémoire est le terreau de l'Église et l'incarnation de son épanouissement, alors ce chapitre en retrace le fruit: la doctrine vécue en public, dans la douleur, le pluralisme et la persévérance. C'est le débordement missionnaire de la tradition, mémorisée et transfigurée. C'est le chemin que la doctrine emprunte lorsqu'elle quitte le sanctuaire pour pénétrer dans les contrées sauvages du monde. Il ne s'agit pas d'un abandon de l'orthodoxie, mais de son expression la plus vraie, car le Dieu trinitaire est un amour débordant et abondant. Le Père envoie, le Fils incarne et l'Esprit donne la force. L'Église, façonnée par cette chorégraphie divine, est envoyée dans la nature, non pour dominer le monde, mais pour y demeurer fidèlement, non pour y échapper, mais pour s'y engager. La doctrine, pour être fidèle, doit être animée par cette même énergie centrifuge d'amour. Le gémissement de la création dépend de notre grammaire fidèle de l'amour qui apprend de l'espérance eschatologique: c'est-à-dire une espérance façonnée par l'avenir promis par Dieu, qui fait irruption dans le présent par la résurrection, nous obligeant à vivre comme si une nouvelle création était déjà en cours.

## La doctrine dans la rue: la foi publique à une époque fragmentée

Où pourriez-vous transmettre la doctrine aujourd'hui? Qui a besoin d'entendre la bonne nouvelle non pas dans le débat mais dans le pain, non pas dans la discussion mais en présence? Que se passe-t-il lorsque la doctrine quitte le sanctuaire? Lorsqu'elle sort de la nef pour pénétrer dans un monde déchiré par l'injustice, le consumérisme, la violence et le désespoir? La doctrine chantée dans la liturgie doit être vécue sur le marché. Elle ne peut rester confinée à l'écho du sanctuaire. Pour être vraie, elle doit revêtir des chaussures.

La doctrine de la rue n'est pas dénuée de révérence, mais imprégnée d'urgence. Elle devient une théologie vécue, une foi publique qui s'exprime avec tendresse et audace dans les espaces fracturés de l'expérience humaine. Elle proclame le Christ non pas comme une abstraction, mais comme le Crucifié et Ressuscité qui marche aux côtés des affamés, des opprimés et des épuisés. Ce n'est pas une doctrine détachée du mystère, mais une doctrine incarnée dans la miséricorde. La doctrine prophétique n'est pas une arme, c'est une blessure, portée par amour pour la vérité et pour l'Église qu'elle cherche à guérir.

La véritable doctrine naît non de la conquête, mais de *la kénose,* du dépouillement qui permet à Dieu de naître dans l'âme. Cela résonne avec l'hymne christique de Philippiens 2, où le Christ se vide de lui-même dans un amour radical. Dans la rue, cette doctrine kénotique devient une présence qui écoute avant de parler, accueille avant d'avertir, et marche à côté plutôt qu'à l'avant. Une telle théologie contemple la fragilité du monde à la lumière de la patience divine, ne la fuyant pas, mais la supportant avec une confiance rayonnante. Cette confiance radicale en l'amour divin résonne profondément avec la vision de la doctrine dans la nature, comme une grammaire de l'amour qui persiste à travers le chaos, témoignant de la fidélité eschatologique de Dieu même lorsque l'histoire semble fatalement brisée.

Dans un monde de plus en plus dominé par l'idéologie et les slogans polarisants, la doctrine peut dégénérer en simple signal identitaire, en signe d'appartenance tribale ou en arme d'exclusion de l'apartheid ecclésial. Mais la doctrine fidèle résiste à cette impulsion. Elle témoigne d'une allégeance plus profonde: au Dieu trinitaire dont l'amour dépasse le tribalisme, le nationalisme et le réductionnisme. L'Église doit réapprendre à parler non pas avec des armes, mais avec des blessures; non pas à dominer, mais à demeurer, suivant le témoignage non violent de Jésus, qui a enduré la souffrance sans représailles et a offert la paix là même où la violence régnait.

Ce type de doctrine publique ne se précipite pas pour expliquer; elle écoute. Elle ne domine pas; elle accompagne. Elle reconnaît que la vérité n'est pas simplement quelque chose à affirmer, mais quelque chose à partager, à incarner et à pratiquer en communauté. La doctrine, alors, n'est pas simplement ce que l'Église proclame pour elle-même en toute sécurité; c'est ce qu'elle souffre en solidarité pour la vie du monde.

L'Église qui porte le nom du Christ doit suivre ce modèle: exprimer sa foi sur la place publique, non pas comme une idéologie, mais comme un amour rendu visible. Proclamer le Christ en notre temps, c'est incarner la doctrine avec courage et compassion sur la scène publique. C'est dire, par la parole et par le geste: le Royaume bien-aimé de Dieu est proche, ici et maintenant.

Par "Royaume bien-aimé de Dieu", nous désignons la vaste réalité, née de l'Esprit, qui renaît des cendres de l'exil et de la mort, une demeure divine de justice et de joie. C'est l'oikodome, la vaste et généreuse demeure de Dieu, le makom de l'imagination hébraïque et la promesse du Christ: non seulement un espace physique, mais une révélation de l'amour vaste et vulnérable de Dieu lui-même. L'Église, Corps vivant du Christ, est à la fois promesse et présence de ce royaume, où chaque étranger est un parent, chaque blessure devient un témoignage, et où toute la création est rassemblée dans la maison de Dieu, renouvelée, réconciliée et ressuscitée. Amen.

### La Croix sur la place du marché: souffrance et solidarité

La doctrine incarnée n'est jamais abstraite. Elle suit le chemin de la croix. Sur le marché du pouvoir, du spectacle et de l'intérêt personnel, le témoignage chrétien doit porter la marque du Crucifié. Si la doctrine doit avoir un sens public, elle doit être cruciforme: façonnée par l'amour souffrant, marquée par la vulnérabilité et animée par la miséricorde.

Dans l'Antiquité, la place publique n'était pas seulement un centre commercial; c'était le siège du discours public, du spectacle politique et du contrôle impérial. C'est là que Jésus fut exhibé, moqué et condamné. La place publique a toujours été un espace de visibilité et de jugement. Y exprimer sa doctrine, c'est risquer l'exposition, l'incompréhension et parfois le rejet. Mais c'est aussi l'espace où Dieu est déjà passé.

Les mystiques parlent de ce mouvement vers le bas, vers la dissimulation, la perte et la solidarité divine. Le Corps du Christ brisé et partagé dans le sanctuaire doit conduire au Corps du Christ porté et brisé dans le monde, une *missio eucharistique,* chargeant l'Église de devenir ce qu'elle reçoit et de risquer ce qu'elle proclame. La doctrine, façonnée par la Table, prépare l'Église à être répandue. Il ne s'agit pas seulement de ce qui est dit en communion, mais de ce qui est risqué en communauté.

La croix sur la place publique n'est pas seulement une confrontation avec les puissances du monde, mais aussi un appel à la prière, animé par la théologie mystique qui nourrit l'action publique prophétique. Elle offre un modèle de courage sacré. Les voix des mystiques nous rappellent que la doctrine façonnée par les profondeurs contemplatives devient une incarnation prophétique, une vérité qui marche, pleure et blesse dans l'amour du monde. Elle engage les puissances du monde, nous engage à œuvrer pour la paix, la justice et la miséricorde. Lorsque la doctrine est façonnée par l'amour souffrant, elle devient une grammaire publique de guérison. Le Corps du Christ, brisé et répandu, n'est pas un simple symbole, il est le modèle d'une Église prête à être brisée pour la vie du monde. C'est là que la théologie publique trouve sa force: non pas dans la préservation institutionnelle, mais dans le témoignage cruciforme, façonné par la grammaire eucharistique de l'amour désintéressé et de l'espérance publique. En cheminant vers les gémissements et la gloire de la création, nous portons en avant une doctrine qui ose pleurer, marcher et œuvrer dans l'amour. La place du marché devient le lieu de rencontre de la grâce. La rue devient un lieu sacré, nous préparant à entendre la voix de la création qui crie l'espoir d'une nouvelle naissance.

**La création comme catéchèse: le discipulat écologique**
**Pratique spirituelle: Discipulat terrestre**
Une fois par semaine, sortez sans agenda. Laissez votre téléphone. Laissez vos livres. Écoutez pendant une heure la liturgie du monde: le chant du vent, l'hymne des feuilles, le sermon silencieux de la pierre et du ciel. Respirez l'air comme une bénédiction. Touchez la terre comme un lieu sacré. Que la doctrine soit entendue non seulement dans les credo, mais dans la symphonie de la création. Puis revenez à votre vie transformée, non pas au-dessus du monde, mais en

lui. Non pas à l'écart de la création, mais comme partie intégrante de sa louange.

*Réflexion théologique: La Création, premier sacrement*

La création n'est pas seulement notre demeure; c'est notre premier catéchisme, la terre sacrée où nous apprenons à aimer, à faire confiance et à contempler. Avant les credo, il y avait des fleuves. Avant les doctrines, il y avait des étoiles. La terre n'est pas seulement notre habitat, c'est le premier sacrement créé par Dieu, le lieu où la présence divine vibre à travers les feuilles et la lumière, le sol et le ciel. La doctrine prend vie lorsqu'elle s'enracine dans ce sol sacré.

Saint Bonaventure décrit la création comme le miroir et l'empreinte (*vestigium*) de la Trinité. Chaque créature, enseignait-il, reflète la beauté divine et révèle un chemin d'ascension vers le cœur de Dieu. Une telle cosmologie sacramentelle invite à une connaissance participative et contemplative, une ascension qui commence par l'émerveillement et mène à l'union. Ainsi, le monde n'est pas une distraction de la théologie, il en est le fondement même et l'invitation.

Julienne de Norwich médita un jour sur une simple noisette, une image qui, associée à l'imaginaire eucharistique, révèle comment même la plus petite créature participe à la plénitude de l'amour et de la nourriture divine qui lui furent révélés en vision. La tenant dans sa main, elle entendit Dieu dire: "Elle dure et durera toujours, car Dieu l'aime." Le cosmos tout entier est enveloppé dans la grâce intime et nourricière de Dieu. Rien n'est trop petit pour être sacré. La création elle-même est une doctrine murmurée en vert et or.

La création n'est pas un texte statique, mais un enseignant vivant, qui reflète la sagesse, la puissance et la bonté du Créateur et qui, comme la doctrine, s'exprime avec une grammaire dynamique, se déployant sans cesse vers une communion plus profonde avec le divin. Le cosmos n'est ni clos ni achevé, mais en perpétuel mouvement, une épektasis, ou ascension infinie, entraînant toute la création toujours plus profondément dans la beauté inépuisable de Dieu. Cette vision de la création comme école d'amour et de mystère suggère que la doctrine, elle aussi, doit rester dynamique et ouverte, façonnée par le discernement contemplatif et la rencontre écologique au sein du monde que Dieu soutient avec tant d'amour. Adopter cette vision, c'est reconnaître que la doctrine fidèle n'est pas figée dans le temps, mais se meut au gré du souffle de l'Esprit à travers le monde vivant, guidant l'Église vers une participation toujours plus profonde à la vie divine.

Le Psaume 19 proclame: "Les cieux racontent la gloire de Dieu; les nues proclament l'ouvrage de ses mains." Romains 8 nous dit que la création gémit dans les douleurs de l'enfantement, attendant la révélation des enfants de Dieu. Ce ne sont pas des métaphores, mais des rappels que le monde naturel est à la fois sacramentel et eschatologique, des signes qui révèlent la présence divine et son accomplissement futur. L'Église ne peut professer la foi au Créateur tout en ignorant les cris de la création. Agir ainsi, c'est séparer l'éthique sacramentelle de la fidélité écologique, car le modèle eucharistique déjà établi dans le culte nous oblige à prêter attention à la souffrance et à la rédemption de toute la création comme partie intégrante du témoignage fidèle de l'Église.

Être disciple de l'écologie n'est pas une préférence politique, mais une posture spirituelle. Cela signifie vivre maintenant comme si une nouvelle création était déjà en train d'émerger, car c'est le cas. Cela signifie considérer la doctrine de la création non pas comme une doctrine lointaine des origines, mais comme une grammaire active de l'amour inscrite dans la trame des forêts, des marées, des nuages et des créatures. C'est entendre le monde non pas comme un bruit de fond, mais comme un témoignage divin.

Reprendre notre place dans la création ne signifie pas s'élever au-dessus d'elle, mais s'agenouiller en elle. La création n'est pas une scène de salut; elle est un partenaire de l'histoire de Dieu. Lorsque nous bénissons la terre, protégeons les eaux et écoutons le vent, non seulement nous gérons les ressources, mais nous participons aussi au renouvellement divin de toutes choses. Cette intendance n'est pas accessoire au salut; elle est liée à l'avenir de Dieu et au nôtre.

En prenant soin de la création, nous réitérons notre espérance: le même Esprit qui planait sur les eaux dans la Genèse insuffle encore une vie nouvelle à un monde gémissant. Ainsi, la création ne se contente pas de pointer vers Dieu, elle nous place au cœur de son chant et de sa vie qui se déploient. La Création est la manière dont Dieu est Dieu, une expression qui trouve un écho dans la vision théologique de Bonaventure, qui voyait toute la création comme *vestigium Dei*, et de Julien de Norwich, qui voyait l'amour divin nourrir même une noisette. La création et le Créateur sont indissolublement liés, non par nécessité, mais par le débordement gracieux d'un amour infini et vulnérable.

Les arbres et les marées, les étoiles et le sol, tous participent d'une liturgie vivante, proclamant à la fois la bonté des commencements et la proximité d'un avenir rédempteur. La doctrine fidèle, grammaire de l'amour et de la joie du Créateur pour la bonté de la création, enracinée dans ce sol sacré, devient une forme de témoignage eschatologique, faisant écho à Romains 8 et à la création continue de l'Esprit, et, dans ce sol sacré, devient un témoignage vivant de l'espérance que la création elle-même sera transfigurée par l'amour.

*Doctrine incarnée à travers les cultures*

La doctrine ne nous parvient pas dans une langue, une mélodie ou une peau unique; elle découle de l'hospitalité généreuse de la Pentecôte, révélation de la plénitude relationnelle de la Trinité qui embrasse la différence sans dissoudre la communion. La diversité culturelle, en ce sens, reflète la polyphonie de la création elle-même, faisant écho à la beauté variée du monde que Dieu a créé et qu'il aime. Elle émerge de la Pentecôte, miracle de multiples langues, de multiples oreilles, de multiples cœurs. L'Église est catholique non pas parce qu'elle est uniforme, mais parce qu'elle est vaste, suffisamment vaste pour accueillir et s'enrichir des multiples façons dont la foi s'incarne dans le monde.

La Pentecôte, telle que décrite dans Actes 2, n'est pas simplement l'origine de la proclamation chrétienne, elle est la validation divine de la particularité culturelle. L'Esprit parle dans les langues maternelles de tous ceux qui sont rassemblés. La doctrine, dès son premier souffle, est multilingue, polyphonique et incarnée. Ce qui n'est pas assumé n'est pas guéri, soulignant que l'œuvre rédemptrice de l'Esprit pénètre pleinement la singularité scandaleuse de la culture, guérissant de l'intérieur. Le Verbe se fait chair à nouveau en tout temps et en tout lieu, soulignant que la saine doctrine, grammaire fidèle de l'amour, n'est pas monolithique mais doit être continuellement incarnée et contextualisée. Ces premières intuitions théologiques révèlent que la fidélité doctrinale exige une incarnation culturelle; elles relient la révélation divine au tissu dynamique et vivant de la diversité humaine. La doctrine n'exige pas l'identité; elle célèbre la communion dans la différence. Que serait l'amour unificateur de Dieu sans différence?

Chaque aspect de la création, chaque visage, chaque culture, chaque langue, chaque particule, révèle une facette cachée de Dieu. Nous ne sommes pas seulement voisins; nous sommes parents de tout ce qui existe, de la poussière d'étoile à la terre, du souffle à la branche. Notre appartenance transcende les espèces, les éléments et les époques, une communion non seulement avec l'humanité, mais avec tout ce qui participe à la danse de la création.

La doctrine doit être suffisamment spacieuse pour faire place à cette parenté radicale, une grammaire de grâce suffisamment vaste pour résonner dans chaque quark de la réalité, liant le cosmos en un seul chœur sacré d'appartenance.

José Míguez Bonino, s'exprimant au cœur de la théologie de la libération latino-américaine, fait écho au témoignage prophétique d'Amos et d'Isaïe en déclarant que "la théologie en Amérique latine commence par le cri des pauvres". La doctrine doit donc rendre des comptes non pas à l'empire ou à l'abstraction, mais au vécu de ceux qui souffrent. L'Évangile résonne différemment parmi les opprimés, et la doctrine, si elle est fidèle, sera à l'écoute de leur cri.

*Rendez à César*, John Dominic Crossan nous invite à relire l'Écriture non pas à travers le prisme impérial, mais à travers le regard du crucifié. Dans sa lecture, la déclaration de Jésus "Rendez à César" n'est pas un appel à la citoyenneté passive, mais une critique prophétique de la machinerie violente de l'empire. La doctrine, quelle que soit sa culture, doit être honnête quant à ses complicités historiques et courageuse dans sa réinvention libératrice. Sinon, elle fonctionnera comme la loi qui a conduit à la mort de Jésus, elle fera obstacle à la justice de Dieu et ne sera pas la foi qui s'exprime avec la grammaire de l'amour de Dieu.

Incarner la doctrine dans un monde multiculturel, c'est renoncer au contrôle et embrasser la communion. Aucune culture n'épuise la vérité de l'Évangile, mais chacune en porte une facette de la plénitude. Telle est la doctrine pentecôtiste, parlée en de multiples langues, portée par le vent et le feu, façonnée par le feu et imprégnée de l'Esprit, annonçant que la vérité de Dieu résonne dans chaque voix prête à chanter la grâce dans le monde. C'est l'Église qui réapprend ce que signifie être une, sainte, catholique et apostolique, non dans l'unité, mais dans la magnifique mosaïque de l'amour.

Incarner la doctrine à travers les cultures revient à reconnaître que la théologie revêt des habits différents selon les lieux. Elle danse à des rythmes différents, se nourrit de récoltes différentes, pleure selon des rituels différents et chante sur des tons différents. Il ne s'agit pas de relativisme; c'est une pluralité respectueuse, une posture qui honore la diversité culturelle tout en défendant l'intégrité théologique de l'Évangile. C'est la conviction que l'Esprit ne clone pas, mais crée. La doctrine n'est donc pas un ensemble d'idées statiques imposées au monde, mais une tradition vivante tissée à travers des témoignages de grâce mondiaux.

Être fidèle à la doctrine en notre temps, c'est pratiquer une Église à l'écoute, une Église qui apprend en enseignant, reçoit en donnant et pleure dans des langues qui ne sont pas les siennes. La grammaire de l'amour de Dieu doit être exprimée avec de multiples accents, anticipant l'unité dans la différence de la Nouvelle Création, une vision pentecôtiste où la diversité n'est pas effacée, mais accomplie dans une louange partagée, façonnée par de multiples récits et chantée sur de multiples tons. Tel est le son de la Pentecôte qui résonne encore à travers le monde. Tel est le chant endiablé de la communion divine.

*Vers une théologie de la résilience incarnée*

À une époque d'épuisement, d'anxiété et de fragmentation, l'Église est appelée non seulement à incarner l'espérance, mais aussi à la soutenir. La doctrine, dans la nature, doit être plus que déclarative; elle doit être résiliente. Elle doit nourrir l'âme en période de sécheresse, maintenir la justice dans les lieux hostiles et maintenir l'unité des communautés lorsque la vie ecclésiale s'effrite et que les liens sociaux s'effondrent, lorsque le centre ne tient plus.

La résilience incarnée ne consiste pas à refuser la fatigue. C'est la grâce de se relever lorsque le chant faiblit et que la lumière s'affaiblit, fortifié par l'Esprit qui soutient notre souffle, redonne force et nous accompagne dans l'ombre. Elle ne trouve pas son origine dans la détermination humaine, mais dans la fidélité divine. Elle puise son souffle dans l'Esprit qui gémit en nous et sa force dans Celui qui a porté la croix et s'est relevé avec des cicatrices.

Ce genre de résilience chante lamentation et alléluia dans un même souffle. Elle enseigne à l'Église à accompagner les lents, à se reposer avec les fatigués, à partager le deuil avec ceux qui pleurent et à agir avec une sainte défiance contre toute forme de mort.

L'Eucharistie, dans cette perspective, devient notre programme de résilience: une table où les blessures ne sont pas cachées, mais rassemblées; où la justice est rappelée non seulement en paroles, mais dans le partage du pain et de la coupe. Ici, l'Église répète la grammaire de la survie, non pas comme un retrait du monde, mais comme une préparation à y revenir avec un courage façonné par la communion.

De cette répétition eucharistique émerge une plus grande capacité de maturité doctrinale. La doctrine façonnée dans ce creuset d'amour devient non pas un dogme fragile, mais une fidélité flexible, façonnée par la communion, éprouvée par la souffrance et réceptive à la pluralité culturelle. Elle incarne la grammaire évolutive de la foi, qui perdure non par la rigidité, mais par sa capacité à aimer fidèlement dans des contextes changeants et fracturés, capable de plier dans la douleur, de perdurer dans la joie et de supporter le poids des fragilités du monde sans se briser. Il ne s'agit pas de minimalisme doctrinal; il s'agit de maturité doctrinale. C'est ce qui se produit lorsque l'amour s'apprend dans l'adversité et s'exprime à travers les blessures.

Être résilient, ce n'est pas seulement persévérer, c'est aimer encore et encore. Avoir confiance que ce qui est semé dans la faiblesse ressuscitera dans la gloire. Prononcer le nom de Jésus non pas comme un slogan, mais comme un souffle partagé dans la communion des saints, la communion avec ceux qui souffrent et la compagnie de ceux qui croient encore que le monde peut être renouvelé.

Voilà la grammaire sauvage de l'espérance de la résurrection. Voilà une doctrine qui respire encore, qui brûle encore, qui devient encore chair.

Passons maintenant de la vision à la vocation. Après avoir suivi le mouvement de l'Esprit à travers le désert et les blessures, prenons le temps de nous demander: comment la doctrine peut-elle être vécue, incarnée et pratiquée au milieu des fractures de notre monde? À quoi ressemble cette grammaire de l'espérance lorsqu'elle est exprimée par nos vies? Ce qui suit est une invitation au discernement, à la pratique et à la louange, des manières d'incarner la doctrine que nous avons reçue dans les liturgies quotidiennes de l'amour.

## Pratiquer la doctrine dans la nature: une praxis connexionnelle de l'amour

Où notre doctrine risque-t-elle le plus de devenir abstraite?

Comment pouvons-nous incarner notre tradition dans l'amour public, et pas seulement dans la piété privée?

Qui sont les "étrangers" que nous sommes appelés à voir, à servir et à soutenir?

De quelle manière l'appel de Valarie Kaur à "l'amour révolutionnaire" et la "pratique méthodiste de connexion" de

John Wesley peuvent-ils façonner la mission de notre communauté dans le monde?

La vocation de l'Église n'est pas de conserver la doctrine dans un coffre, mais de mettre en pratique ce que John Wesley appelait la "divinité pratique", un témoignage chorégraphié par l'Esprit de la grâce trinitaire en mouvement, et de la porter comme du pain. Comme l'envisageait John Wesley, la connexion n'est pas une institution statique, mais un mouvement de grâce relationnelle chorégraphié par l'Esprit, un réseau vivant d'entraide, de témoignage partagé et de risque fidèle. Dans la pratique wesleyenne de la connexion, nous entrevoyons une ecclésiologie pleine d'espoir: une Église formée non par le pouvoir, mais par la proximité; non par le conformisme, mais par la charité.

C'est là que la doctrine respire, dans les plis des fardeaux partagés, dans le contact des mains qui guérissent, dans les pieds qui marchent vers la souffrance. La grammaire fidèle de l'amour de Dieu, façonnée par le témoignage connexionnel, devient un chant incarné à travers les générations et les territoires. Dans cette harmonie insouciante, l'Église devient une icône de l'avenir de Dieu.

### Réflexion liturgique: Une table d'amour résilient
*Appel et réponse à la résilience eucharistique*

Dirigeant: Quand nous faiblissons, quand nous avons peur, quand nous sommes fatigués. Peuple: Nourris-nous à nouveau du pain de l'endurance.
Dirigeant: Quand l'amour nous coûte le confort et que la justice nous appelle au risque.
Peuple: Verse sur nous le vin du courage.
Leader: Là où le monde blesse et où la tristesse persiste.
Peuple: Liez-nous ensemble comme le Corps du Christ.
Leader: Pour chaque cœur brisé, pour chaque espoir tremblant.
Peuple: Enseigne-nous à nouveau la grammaire de la grâce.
Tous: Que cette Table nous forme dans la foi, afin que nous puissions nous élever dans l'amour et marcher dans une résilience sauvage.

*Dieu de gloire crucifiée et de grâce ressuscitée,*
*tu nous as appelés non pas au silence, mais au chant; non pas à*
*l'isolement, mais à l'incarnation; non pas à survivre, mais à aimer.*
*Enracine notre doctrine non pas dans la défense, mais dans*
*l'audace.*
*Façonne nos cœurs non pas par des réponses, mais par la*
*communion. Brise-nous, bénis-nous et envoie-nous comme*
*témoins vivants de ton amour abondant, sauvage et blessé.*
*Au nom de Celui qui a marché dans les rues, porté la croix, rompu*
*le pain et respire encore dans les fatigués.*
*Amen.*

De la table, nous nous levons, non pas comme des individus inspirés, mais comme un peuple envoyé. Ce qui a été prié en communion, nous le vivons désormais en communauté. La doctrine, façonnée par le culte, n'est pas une théorie, mais un témoignage, une foi répétée dans l'amour et offerte au monde. La conclusion qui suit rassemble ce témoignage et le fait avancer, non pas comme une conclusion, mais comme une mission ouverte de l'Esprit pour devenir la doctrine que nous proclamons.

## Conclusion: Doctrine vivante, souffle de gloire

La doctrine n'est pas une possession à défendre. C'est un témoignage à vivre, témoignant d'une grammaire d'amour et d'une gloire respirée, du Christ crucifié et ressuscité dans chaque acte d'amour, chaque souffle de protestation et chaque larme d'espoir. La doctrine n'est pas le sujet; elle est la syntaxe et la grammaire de la foi. L'Église ne vit pas seulement de la doctrine, mais de la foi qui inscrit ce code d'amour dans nos cœurs. La foi, animée par l'amour divin, cherche toujours le langage, les pratiques et les voies pour incarner cet amour. La doctrine n'est pas un système que nous préservons, mais un code que nous mettons en pratique, une grammaire vécue qui incarne la foi en sainte communion avec la douleur du monde et la promesse de Dieu. Comme la syntaxe du langage, la doctrine ordonne notre témoignage et permet une expression cohérente; elle n'est pas la fin, mais la structure par laquelle l'amour parle et agit fidèlement dans le monde.

Vivre la doctrine en ce monde, c'est s'immerger plus profondément dans la vie trinitaire de Dieu, dans l'amour vulnérable du Fils, la puissance émue de l'Esprit et le cœur généreux du Père. Elle se nourrit de la présence de l'Esprit dans la chair et le sang, le souffle et le pain, la fracture et le feu.

À la Table, nous sommes non seulement nourris, mais aussi formés. Nous sommes donnés les uns aux autres, envoyés les uns aux autres, brisés pour la vie du monde. La doctrine de l'Église, lorsqu'elle prend racine dans ce repas, n'est jamais un système de croyances, mais une chorégraphie de grâce. Elle nous apprend à nous agenouiller, à nous soutenir les uns les autres, à chanter même lorsque le souffle se fait rare.

Telle est la vocation apocalyptique de la doctrine dans un monde fracturé: dévoiler la gloire cachée, porter les blessures de l'amour, résister au désespoir par un souffle de résurrection. La doctrine devient ce qu'elle a toujours été censée être: la mémoire vivante de l'amour divin, portée par l'espérance.

La doctrine, lorsqu'elle sera vivante, ressemblera au pain passé entre les mains, à l'huile versée sur les blessures, aux chants de protestation dans les rues des villes et aux histoires racontées autour des feux sacrés. Elle ressemblera au Christ parmi nous.

Et cela résonnera, encore et encore, comme l'Esprit qui murmure: "Voici, je fais toutes choses nouvelles."

## Épilogue
## Un récit édifiant

Lorsque l'Église oublie que la doctrine naît de la prière et vise à exprimer l'amour de Dieu, elle risque de transformer les moyens de grâce en instruments de contrôle. Et lorsque la doctrine se détache de l'amour, elle n'ouvre plus le cœur à Dieu, elle ferme la porte aux autres.

La grammaire de l'amour, qui s'inscrit dans le courant de l'univers, est la Sagesse même de Dieu. La Sagesse de l'Esprit nous guidera toujours par la vérité que la doctrine fidèle s'efforce de transmettre: Dieu est amour, amour infini et vulnérable, d'éternité en éternité. À mesure que nous prenons conscience d'être connus et aimés de l'amour infini et vulnérable de Dieu, la Sagesse du Créateur s'éveille en nous, et nous sommes remplis d'une joyeuse gratitude, de grâce et d'une profonde humilité. Cette façon de connaître l'amour dans le monde est trop merveilleuse pour être contenue dans une quelconque certitude ecclésiale. La certitude est idolâtrie. Elle est le terreau d'un dogmatisme étroit et défensif qui confond contrôle et exclusion avec la foi. Lorsque l'Église adopte la doctrine comme grammaire de la certitude, elle commence à manier des doctrines de certitude, telles que la doctrine de l'enfer et celle du péché originel, comme des armes pour contrôler et exclure avec les idoles de la certitude.

Nous avons déjà vu cela se produire auparavant.

En 1493, la bulle papale connue sous le nom de Doctrine de la Découverte déclarait que toute terre non habitée par des chrétiens pouvait être revendiquée par les puissances chrétiennes. Publiée sous la bannière du Christ, elle proclamait que "la foi catholique et la religion chrétienne soient exaltées, développées et répandues partout, que la santé des âmes soit préservée et que les nations barbares soient renversées et ramenées à la foi elle-même". Cette doctrine grave justifiait théologiquement la domination des peuples autochtones et devint plus tard l'un des fondements de la traite transatlantique des esclaves. Ce qui n'était au départ qu'une affirmation baptisée d'une vérité théologique devint un mécanisme de colonialisme, de conquête et d'effacement. Lorsque la doctrine se détache de l'amour, elle devient non pas un canal de grâce, mais une source de grave injustice, non seulement pour les êtres humains, mais pour toute la création.

Lorsque l'Église perd le souvenir de la façon dont sa foi s'est forgée dans la prière, les larmes, le désir, le chant, elle commence à préserver la doctrine non pas comme un témoignage, mais comme une arme utilisée contre toute la création. Elle oublie que ses doctrines les plus vraies ont d'abord été murmurées avec respect et amour, et non criées avec exclusion et contrôle.

C'est pourquoi saint François d'Assise enseignait que la terre, les arbres, les animaux, les étoiles parlent le langage de la louange sans paroles. Bien avant que l'Église ne codifie la doctrine, ne canonise l'Écriture et ne forge les Credo, la création chantait déjà, toute la création connaissait déjà la grammaire de l'amour. Lorsque l'Église oublie cela, elle oublie sa place dans le chœur de la création.

Création tout entière, nous n'avons pas accès à Dieu, car la création elle-même est le moyen par lequel le divin se révèle. Sans le témoignage de la création, nous perdons non seulement la capacité de voir Dieu, mais aussi la capacité même d'être pleinement humains. La création est profondément ancrée dans la grammaire de l'amour. La Parole même qui a donné naissance à la création par le souffle de la bouche de Dieu est la Sagesse du Créateur (Proverbes 8), qui crée un monde imprégné de la Sagesse de Celle qui est, l'Esprit qui déverse l'énergie de l'amour de Dieu dans et sur toutes les œuvres du Créateur.

Cet avenir n'est pas simplement l'espoir de la création, il est celui de Dieu lui-même. L'avenir de Dieu est lié au renouveau de la création, et l'épanouissement de la création est la joie de l'accomplissement de Dieu.

Et comme l'enseigne Simone Weil, la véritable connaissance commence par l'attention. "L'attention est la forme la plus rare et la plus pure de générosité", écrit-elle dans *En attendant Dieu*. Lorsque nous cessons d'être attentifs à Dieu, à notre prochain, aux pauvres, à la création blessée, nous commençons à mentir, surtout lorsque nos credo sont utilisés comme s'ils étaient immuables. Nous oublions que les credo n'ont jamais été destinés à fermer les esprits, mais à ouvrir les cœurs, des cœurs à l'écoute d'un amour qui se déploie sans cesse, nous conduisant toujours plus loin dans le mystère de Dieu.

La doctrine, séparée de l'attention, devient un langage de foi dénué de compassion. Mais il existe une autre voie, et ce livre est un cheminement vers elle. La doctrine, inspirée par l'Esprit, façonnée par la prière, éprouvée par les feux de l'amour et ouverte à l'espérance, sera toujours tournée vers la vie. Nous n'avons pas à rejeter la doctrine. Nous devons nous rappeler comment la prier. Nous devons réapprendre à écouter, à parler le langage de l'amour.

Toute doctrine doit donc être orientée vers cet avenir: une espérance vivante qui souffle déjà sur le présent. L'Esprit n'est pas seulement la source de vie, mais celui qui attire toute la création dans l'amour déifiant de Dieu. La création elle-même est invitée à la communion, non pas comme toile de fond, mais comme participante.

Quand l'Église oublie cette espérance tournée vers l'avenir, ses doctrines se refroidissent. Mais lorsqu'elle s'en souvient, elles deviennent chants de nouvelle création, sacrements de transformation, échos de la joie à venir et, dans le Christ, déjà présente.

### Une bénédiction et une promesse finales

À tous ceux qui ont parcouru ce chemin à travers la foi et la doctrine, que cet ouvrage soit une parole de bénédiction:

Que votre foi soit toujours enracinée dans la prière, éveillée par l'amour et étendue aussi largement, aussi profondément et aussi haut que l'amour infini et vulnérable de Dieu qui dure d'éternité en éternité.

Puissiez-vous écouter profondément les gémissements de l'Esprit dans toute la création; car dans les soupirs les plus profonds de l'Esprit, trop profonds pour être exprimés par des mots, vous entendrez "d'une profondeur appelant à une autre profondeur" l'invitation à aller là où la guérison, l'espoir et la paix sont le plus nécessaires.

Écoutez l'Esprit qui rapproche le Créateur de vous. Et rappelez-vous que même l'Écriture ne peut contenir la plénitude de l'amour infini et vulnérable de Dieu. Pourtant, elle demeure un moyen de grâce, un don de l'Esprit qui nous aide à écouter à travers les âges et à nous souvenir de qui nous sommes et à qui nous appartenons, alors que nous venons de Dieu et que nous retournons à Lui.

Écoutez la création. C'est ici que réside le Créateur, et c'est ici que vous et toute la création partagez la gloire et l'amour du Créateur. Et c'est ici que vous rencontrerez avec joie l'accomplissement de l'espérance et du désir du Créateur, ainsi que le désir de toute la création de danser dans la joie éternelle au sein de la maison de Dieu.

Écoutez les saints et les étrangers qui vous entourent. Offrez la joie de l'hospitalité à toute la création et préparez-vous à être surpris par cette joie, tout comme le Créateur fut rempli d'une joie extatique lorsque le Verbe donna naissance au monde.

Et que tout notre travail fidèle pour apprendre à prononcer les mots d'amour surprenne à nouveau Dieu, alors que toute la création retourne à la maison, non pas avec les mêmes mots empruntés aux générations passées, mais avec de nouveaux mots, remplis du genre de doxologie et d'amour qui a donné naissance à la création.

Que vos doctrines ne se durcissent jamais et ne deviennent pas des pierres d'exclusion, mais demeurent des témoignages vivants, fissurés par l'émerveillement, réchauffés par la compassion et transfigurés par l'espoir.

Que votre mémoire fidèle soit tendre. Que votre vision soit large et douce. Et que votre confiance soit sans crainte, afin que votre amour grandisse aussi infini et vulnérable que Celui qui est par nature amour infiniment vulnérable.

Car Celui qui est Amour ne vous laissera pas sans réconfort ni guide. Celui qui a promis est fidèle pour nous permettre d'atteindre notre but, où nous pourrons commencer à parler aussi fidèlement que Lui.

"L'Esprit ne nous laissera pas dévier du chemin de la Providence", déclare Charles Wesley. Et, comme nous l'a enseigné Elizabeth Johnson, Celle qui Est, l'Esprit, Seigneur et dispensateur de vie, est Celle qui permet au Créateur de prononcer la Parole par le souffle de la bouche de Dieu et de répandre dans chaque recoin de la Création, la Sagesse du Créateur. Oui, cet Esprit qui guide toute la création sur le chemin de la Voie, de la Vérité et de la Vie de la Parole qui a donné naissance à la création, est la même Parole bonne qui s'est faite chair et qui continue de maintenir ensemble toutes les choses de la création dans son Corps. Celle qui Est, la Sagesse de la création (Proverbes 8), est toujours fidèle à "susciter de bons troubles" (John Lewis) jusqu'à ce que nous soyons éveillés à la Sagesse de l'amour infini et vulnérable du Créateur, d'éternité en éternité: "Lorsque nous ressusciterons dans un amour renouvelé, nous ressemblerons à l'image du Dieu trinitaire pour toute l'éternité" (Charles Wesley).

La promesse du gardien de promesses est la suivante: Dieu sera tout en tous, et l'amour infini et vulnérable qu'est Dieu aura le dernier mot sur notre fidèle grammaire d'amour.

Et ainsi, comme nous avons commencé ce livre dans la prière, fermons ce livre dans la prière aux côtés de l'ancienne prière chrétienne:

*Viens Esprit Saint et allume en nous le feu de ton amour.*
*Seigneur, nous te faisons confiance! Guéris notre incrédulité qui*
*persiste à s'accrocher à toutes ces croyances idolâtres et certaines.*
*Prenez nos esprits et réfléchissez-y.*
*Réveille et renouvelle nos esprits avec l'esprit du Christ afin que*
*nous puissions te faire confiance avec la foi et la fidélité de notre*
*Seigneur.*
*Prends nos lèvres et parle à travers elles.*
*Donne-nous la foi qui parle avec la Sagesse de toute la création la*
*grammaire de l'Amour.*
*Maintenant, prenez nos âmes et mettez-les en feu.*
*Remplis-nous de l'énergie de ton amour infini et vulnérable qui*
*dure d'éternité en éternité.*
*Amen.*

*Grâce à Dieu.*
*Soli Deo gloria!*

# Postlude
## Ne pas nuire

Ce livre a été écrit suite à ma défrocation, quelques années après ma retraite de l'Église dans laquelle j'ai été ordonné pendant quarante ans. Je choisis de ne pas nommer la confession ici. Cela détournerait de l'esprit de ce livre, qui ne cherche pas à blesser, mais à témoigner, à offrir une grammaire de l'amour qui dit la vérité dans la miséricorde, et la miséricorde avec clarté. Mon objectif est de ne pas nuire. Mais aimer ne signifie pas se taire. Aimer, c'est parler avec vérité, avec foi, avec la voix que Dieu vous a donnée.

Pendant quatre décennies, j'ai enseigné la foi et la fidélité du Christ, proclamant l'Évangile comme une bonne nouvelle pour toute la création. J'ai consacré ma vie à nourrir la doctrine comme un témoignage vivant et vivant de l'avenir de Dieu, une doctrine comme un langage de grâce façonné par l'Esprit, et non comme une arme de contrôle. J'ai enseigné dans quatre établissements d'enseignement de ma toute jeune tradition ecclésiale, encore balbutiante, qui entame à peine son deuxième siècle d'existence, cherchant à comprendre ce que signifie être l'Église catholique et comment naviguer fidèlement entre foi, doctrine et amour infiniment vulnérable. J'ai essayé de montrer que la doctrine n'est ni figée ni universellement la même en tout temps et en tout lieu. La doctrine est un chant de l'Esprit, issu de l'énergie de l'amour infiniment vulnérable de Dieu, un amour qui gémit et soupire à travers l'histoire et dans chaque parcelle de la réalité, nous attirant toujours vers la Nouvelle Création.

Finalement, cette vision, nourrie depuis si longtemps et si clairement ancrée dans l'Église catholique, n'a plus été bien accueillie. C'est ainsi que mon ordination a été prononcée. Mais même dans ce chagrin, je n'élève pas la voix avec colère. Ce livre n'est pas ma défense. La meilleure défense est de faire confiance à l'amour infini et vulnérable de Dieu. C'est une œuvre d'amour, une offrande, un témoignage, une semence semée pour ceux qui viennent.

Et ils arrivent. Pendant quarante ans, je me suis tenu devant des milliers d'étudiants, voix fraîches venues de l'avenir de Dieu. Ils arrivaient avec des questions, de l'émerveillement, de la résistance, du désir. En eux, j'ai vu arriver le Dieu de notre avenir. En les regardant dans les yeux, j'ai vu promesse et désillusion. Souvent, la désillusion résidait dans la dissonance entre ce qu'ils voient dans le monde, dans leurs traditions ecclésiastiques, et ce qu'ils entrevoyaient de l'avenir qu'ils avaient vécu. Comme une promesse divine, j'ai vu la foi du Christ prendre une nouvelle chair, une grammaire d'amour se reformer. Ils parlaient un langage d'amour venu tout droit de l'avenir. La Nouvelle Création ne cessait de naître à travers eux. Ce que j'ai vu en eux, je ne peux le défaire; ce que j'ai entendu, je ne peux l'oublier.

Alors, soyez attentifs à eux. Écoutez l'Esprit souffler dans leur vie. Ils vous couperont le souffle et vous redonneront votre avenir.

**Un mot à mes étudiants**
**Parler dans la grammaire de l'amour**
À mes étudiants qui se sont sentis confus, désorientés, voire aliénés par les doctrines de l'Église: permettez-moi de répéter ce que je vous ai toujours dit: soyez attentifs à l'amour infini et vulnérable de Dieu qui vit en vous. L'Esprit qui palpite et souffle en vous est le souffle de Dieu. Respirez profondément et parlez à partir de cet espace. Exprimez la grammaire de l'amour qui est déjà vivante en vous, attendant d'être racontée. Racontez votre histoire, pas seulement une autre version de l'histoire de quelqu'un d'autre. Ne laissez aucune institution ecclésiale vous priver de votre voix; elles ont autant besoin d'entendre votre vision que vous avez besoin de rester en contact avec elles.

Souvenez-vous, la sagesse qui vibre dans l'univers est le Verbe, le *Logos,* qui s'est fait chair et a habité parmi nous, plein de grâce et de vérité. Étonnamment, ce Verbe n'est ni une idée, ni un concept, ni une catégorie. L'amour infini et vulnérable qu'est Dieu est toujours plus grand que toute idée de notre imagination. Ce Verbe vivant et créateur est une Personne. Et la seule façon de connaître la Vérité qu'est le

Verbe est d'être accueilli par l'amour infini et vulnérable de Dieu.

Comme l'a dit John Milbank, lorsque vous entendez la Parole rendue étrange, vous devez répondre avec votre propre parole, sinon vous ne l'avez pas encore entendue du tout.

Lisa Isherwood fait écho à cette idée: nous devons apprendre à "queeriser les Écritures". Être queer, c'est remarquer ce qui est étrange, original et troublant dans l'amour, puis parler avec nos propres voix queer pour que le reste du monde les entende. Puisque chacun de nous est une image originale et unique de la Trinité, distincte mais formée dans une unité relationnelle, notre parole doit être aussi unique que la voix du Père, du Fils et du Saint-Esprit.

Nous devons parler non seulement de Dieu, mais de l'intérieur de sa vie, avec des voix qui résonnent avec la musique unique de notre être. Dieu désire entendre nos voix nouvelles autant que nous désirons entendre la sienne. Ensemble, et étonnamment, nous participons à la création de toutes choses nouvelles dans la Nouvelle Création.

Maintenant, voici mon point: pour la vie du monde, laissez l'amour infini et vulnérable de Dieu chasser vos peurs et vous donner le courage de l'amour pour parler de votre voix unique, originale et irremplaçable, une parole d'amour étrangement nouvelle, étrange, pour étirer et élargir nos esprits et notre imagination pour faire de la place dans nos cœurs pour l'avenir de Dieu et pour toute la création.

Il y a près d'un siècle, Alfred North Whitehead mettait en garde contre "l'erreur du concret déplacé", prenant notre expérience ou notre langage limités pour une vérité universelle. Le Canon vincentien, "partout, toujours et par tous", n'est pas une réussite historique, mais une espérance eschatologique. Trop souvent, les Églises ont présumé que leur voix était universelle, réduisant au silence toutes les autres. Mais la Sagesse de Dieu, qui s'est faite chair et qui maintient désormais la création unie, parle déjà dans une cacophonie de voix. Nous devons l'écouter.

Et rappelez-vous: la Pentecôte fut une véritable cacophonie. De nombreuses voix, de nombreuses langues, toutes enflammées par l'Esprit. C'était désorientant, étrange, bizarre, et certains se croyaient ivres. Lorsque le langage de la Nouvelle Création arrive, il paraît toujours étrange à ceux qui l'entendent pour la première fois.

Imiter le Christ ne suffit pas. Il nous faut parler le Christ à nouveau. Ce n'est qu'en parlant avec le feu qui a touché nos lèvres que nous commencerons à parler à nouveau avec la grammaire de l'amour infini et vulnérable. Jésus lui-même a dit que nous ferions de plus grandes choses que lui. Cette promesse n'est pas de l'arrogance, c'est la joie surprenante d'un Dieu qui se réjouit de nos voix.

James McClendon a un jour intitulé un livre, *"Biographie comme théologie"*, reflétant la manière dont nos histoires façonnent notre vision et notre voix théologique. Dieu raconte son histoire à travers nos vies. Réprimer ces histoires est une blessure pour l'Esprit. Ce qui a conduit à ma défroquement, c'est précisément cette conviction: la doctrine fidèle doit renaître dans chaque voix, à chaque génération, dans chaque langue. Ces histoires fraîches de la Nouvelle Création montrent comment l'Église vit la promesse de l'avenir de Dieu et de toute la création.

*Prier et aimer* de Roberta Bondi m'a enseigné cette précieuse pédagogie du récit. En tant que spécialiste de la patristique et théologienne spirituelle, elle a compris que la foi des pères et mères de l'Église s'enseigne mieux par le récit. Elle a donc commencé à enseigner la théologie par le récit, car nos histoires sont celles de Dieu. Cette intuition a transformé mon enseignement et confirmé ce que j'avais pressenti depuis longtemps: la doctrine fidèle, en tant que grammaire de l'amour de Dieu, prend corps dans nos vies.

John Wesley, théologien indéfectible de *la Theologia Practica,* nous a rappelé que la foi, l'espérance et l'amour ne doivent pas seulement être exprimés, mais prendre racine dans le sol de la création. La doctrine n'est pas une abstraction flottant au-dessus du monde. C'est une graine semée dans la terre de nos vies, arrosée par les larmes, réveillée par l'Esprit. Wesley savait ce que savaient les mystiques: l'amour parfait chasse la peur, car l'amour parfait entre dans la chair.

Et pourtant, l'Église institutionnelle a souvent séparé la création de la nouvelle création, comme si le ciel et l'enfer étaient des lieux lointains plutôt que des réalités présentes. De cette dichotomie idolâtrement certaine, il devient facile de dire: "Tu n'appartiens pas à ce monde." Par exemple, lorsque l'Église institutionnelle sépare le ciel de la terre, comme pour dire que la gloire future t'attend au ciel si tu te conforme à notre façon de voir, de parler et de croire. Ces fausses dichotomies instrumentalisent la peur, réduisant au silence les voix par la menace de l'enfer.

En d'autres termes, lorsque nous nous éloignons de la bonté originelle de la création et présumons que toute la création repose sur la chute de la création et sur le caractère originel du péché de tous ceux qui ont été créés à l'image de Dieu, il est alors facile de construire un système de croyance pseudo-dualiste qui dit: Crois et tu appartiendras.

Mais la Bonne Nouvelle du Christ dit que tous appartiennent. Notre appartenance ne dépend pas de nos croyances. Nous appartenons à Dieu parce que Dieu nous aime. Nous ne croyons pas appartenir à Dieu. La foi de l'Évangile proclame ce que le Christ nous a enseigné à prier: que le Royaume bien-aimé de Dieu est sur terre comme au ciel. Tout appartient parce qu'il n'y a ni séparation, ni division, ni "nous" ni "eux", dans la maison (*oikodome*) de Dieu. Tous sont attirés par l'amour de Dieu. C'est le refrain constant de tous les mystiques. Nicolas de Cues a écrit: "La machine du monde aura son centre partout et sa circonférence nulle part, car son centre et sa circonférence sont Dieu, qui est partout et nulle part." De même, Evelyn Underhill nous rappelle que Dieu est amour infini, le centre de tout et la circonférence de rien.

C'est là l'essence de la foi de l'Église: témoigner et participer à l'amour infini et vulnérable de Dieu d'éternité en éternité.

Alors, je vous laisse avec ceci: ne faites pas de mal. Mais ne vous taisez pas. Dites votre parole. Racontez votre histoire. Répondez fidèlement au Verbe fait chair en vous par vos paroles d'amour étrangement nouvelles et étranges qui s'incarnent dans la gloire future de la Nouvelle Création.

*Et que l'Esprit, "Celle qui est", Sagesse, souffle, feu et joie, enflamme votre cœur d'une grammaire d'amour fidèle, étrange, glorieusement vivante et totalement surprenante pour le Créateur et tout ce que Dieu a créé. Amen.*

# Une bibliographie sélective

Abraham, William J. 1998. *Canon and Criterion in Christian Theology: From the Fathers to Feminism*. Oxford: Oxford University Press.

Abraham, William J., Jason E. Vickers, and Natalie B. Van Kirk. 2008. *Canonical Theism: A Proposal for Theology and the Church*. Grand Rapids: Eerdmans.

Ayres, Lewis. 2004. *Nicaea and Its Legacy: An Approach to Fourth-Century Trinitarian Theology*. Oxford: Oxford University Press.

Balthasar, Hans Urs von. 2008. *Engagement with God: The Drama of Christian Discipleship*. San Francisco, California: Ignatius Press.

———. 2004. *Love Alone Is Credible*. San Francisco: Ignatius Press.

———. 1955. *Prayer*. San Francisco: Ignatius Press.

———. 1983. *The Glory of the Lord a Theological Aesthetics.*: Vol. 1. *Seeing the Form*. San Francisco: Ignatius Press.

Bondi, Roberta C. 1987. *To Love as God Loves: Conversations with the Early Church*. Philadelphia: Fortress.

———. 1991. *To Pray & to Love: Conversations on Prayer with the Early Church*. Minneapolis: Fortress.

Brueggemann, Walter, and Davis Hankins. 2018. *The Prophetic Imagination*. 40th anniversary edition. Minneapolis: Fortress.

Bromiley, Geoffrey William. 1978. *Historical Theology: An Introduction*. Grand Rapids: Eerdmans.

Catherine of Siena. *The Dialogue of Divine Providence*. (various translations).

Coakley, Sarah. 2013. *God, Sexuality and the Self: An Essay 'On the Trinity'*. Cambridge: Cambridge University Press.

———. 2002. *Re-Thinking Gregory of Nyssa*. Malden, Mass.: Blackwell.

Coakley, Sarah. 2015. *The New Asceticism: Sexuality, Gender and the Quest for God*. London: Continuum.

Crossan, John Dominic. 2022. *Render unto Caesar: The Struggle over Christ and Culture in the New Testament*. First edition. New York, NY: Harper One.

Epp-Stobbe, Eleanor. 2000. "Practising God's Hospitality: The Contribution of Letty M. Russell toward an Understanding of the Mission of the Church." Dissertation: University of Toronto.

Gorman, Michael J. 2015. *Becoming the Gospel: Paul, Participation, and Mission*. Grand Rapids: Eerdmans.

_____. 2009. *Inhabiting the Cruciform God: Kenosis, Justification, and Theosis in Paul's Narrative Soteriology*. Grand Rapids: Eerdmans.

St. Gregory of Nyssa. 2002. *On God and Christ: The Five Theological Orations and Two Letters to Cledonius*. Trans. by Frederick Williams and Lionel R. Wickham. Crestwood, New York: St. Vladimir's Seminary Press.

_____. 1967. *Ascetical Works*. Trans. Virginia Woods Callahan. Washington, D.C.: Catholic University of America Press.

_____. 1978. *The Life of Moses*. San Francisco: Harper San Francisco.

_____. 2002. *On the Soul and the Resurrection*. Trans. Catharine Roth. Crestwood, N.Y: St. Vladimir's Seminary Press.

Hays, Christopher B., and Richard B. Hays. 2024. *The Widening of God's Mercy: Sexuality within the Biblical Story*. New Haven: Yale University Press.

Hays, Richard B. 2020. *Reading with the Grain of Scripture*. Grand Rapids: Eerdmans.

_____. 2014. *Reading Backwards: Figural Christology and the Fourfold Gospel Witness*. Waco, Texas: Baylor University Press.

Irenaeus. 1992. *Against the Heresies*. Edited by John J. Dillon (*et al.*). Trans. Dominic J. Unger. Ancient Christian Writers. New York: Newman Press.

Isherwood, Lisa, and Elaine Bellchambers. 2010. *Through Us, with Us, in Us: Relational Theologies in the Twenty-First Century*. London: SCM Press.

Jenson, Robert W. 2010. *Canon and Creed*. 1st ed. Louisville: Westminster/John Knox.

John of the Cross. 2012. *Collected Works of St. John of the Cross*. Memphis, TN: Bottom of the Hill Publishing.

Jennings, Willie James. 2020. *After Whiteness: An Education in Belonging*. Grand Rapids: Eerdmans.

Kaur, Valarie. 2020. *See No Stranger: A Memoir and Manifesto of Revolutionary Love*. New York: One World.

Kelly, J. N. D. 2003. *Early Christian Doctrines*. Rev. ed., Peabody, MA: Prince Press.

LaCugna, Catherine Mowry. 1991. *God for Us: The Trinity and Christian Life*. San Francisco: Harper San Francisco.

Lindbeck, George A. 2009. *The Nature of Doctrine: Religion and Theology in a Postliberal Age*. 25th anniversary ed. Louisville: Westminster/John Knox.

Lubac, Henri de, Susan Frank Parsons, and Laurence Paul Hemming. 2006. *Corpus Mysticum: The Eucharist and the Church in the Middle Ages: Historical Survey*. South Bend: University of Notre Dame Press.

McClendon, James Wm. 1990. *Biography as Theology: How Life Stories Can Remake Today's Theology*. New ed. Philadelphia: Trinity Press International.

Míguez Bonino, José. 1983. *Toward a Christian Political Ethics*. Philadelphia: Fortress.

Moltmann, Jürgen. 1977. *The Church in the Power of the Spirit: A Contribution to Messianic Ecclesiology*. Minneapolis: Fortress.

_____. 2015. *The Crucified God*. 40th anniversary edition. Minneapolis: Fortress.

_____. 2020. *The Spirit of Hope: Theology for a World in Peril*. Louisville: Presbyterian Publishing.

_____. 1981. *The Trinity and the Kingdom: The Doctrine of God*. Minneapolis: Fortress.

Moltmann, Jürgen, and Margaret Kohl. 2004. *The Coming of God: Christian Eschatology*. Minneapolis: Fortress Press.

Newman, John Henry Cardinal. 2013. *An Essay on the Development Christian Doctrine*. Lanham: Start Publishing.

Julian of Norwich. (2022). *The Showings: Uncovering the Face of the Feminine in Revelations of Divine Love*. Trans. Richard Rohr. Charlottesville, VA: Hampton Roads.

Patterson, Stephen J. 2018. *The Forgotten Creed: Christianity's Original Struggle against Bigotry, Slavery, and Sexism*. Oxford: Oxford University Press.

Pelikan, Jaroslav. 1971. *The Christian Tradition: A History of the Development of Doctrine*. Chicago: University of Chicago Press.

Pelikan, Jaroslav. 1986. *The Vindication of Tradition*. New Haven: Yale University Press.

Placher, William C. 1994. *Narratives of a Vulnerable God: Christ, Theology, and Scripture*. 1st ed. Louisville: Westminster/John Knox.

Prestige, G. L. 1964. *God in Patristic Thought*. [2d ed.]. London: S.P.C.K.

Rahner, Karl. 1963. *The Church and the Sacraments*. New York: Herder and Herder.

_____. 2001. *The Trinity*. Trans. J. F. Donceel. London: Burns & Oates.

Rahner, Karl, and Johann Baptist Metz. 1968. *Spirit in the World*. Trans. William V. Dych. New York: Herder and Herder.

Russell, Letty M. 1993. *Church in the Round: Feminist Interpretation of the Church*. 1st ed. Louisville: Westminster/John Knox.

Russell, Letty M. (*et al.*). 2009. *Just Hospitality: God's Welcome in a World of Difference*. 1st ed. Louisville: Westminster/John Knox.

Smith, James K. A. 2009. *Desiring the Kingdom: Worship, Worldview, and Cultural Formation*. Grand Rapids: Baker.

Smith, James K. A. 2016. *You Are What You Love: The Spiritual Power of Habit*. Grand Rapids: Brazos Press.

Teresa of Avila. 2025. *The Interior Castle*. Trans. Kieran Kavanaugh, and Otillo Rodriguez. Mahwah, New Jersey: Paulist Press.

Turner, H. E. W. 1954. *The Pattern of Christian Truth: A Study in the Relations between Orthodoxy and Heresy in the Early Church*. New York: AMS Press.

Volf, Miroslav. 1998. *After Our Likeness: The Church as the Image of the Trinity*. Grand Rapids: Eerdmans.

_____. 2019. *Exclusion & Embrace: A Theological Exploration of Identity, Otherness, and Reconciliation*. Revised and updated edition. Nashville: Abingdon.

_____. 2021. *The End of Memory: Remembering Rightly in a Violent World*. Second edition. Grand Rapids: Eerdmans.

Wainwright, Geoffrey. 1980. *Doxology: The Praise of God in Worship, Doctrine and Life*. Oxford: Oxford University Press.

Wessel, Susan. 2010. "Memory and Individuality in Gregory of Nyssa's Dialogus de Anima et Resurrectione." *Journal of Early Christian Studies* 18 (3): 369–92.

Williams, Thomas, ed. 2025. *Augustine's 'Confessions': A Critical Guide*. Cambridge: Cambridge University Press.

Williams, Rowan. 2016. *Being Disciples: Essentials of the Christian Life*. Grand Rapids: Eerdmans.

_____. 2018. *Christ the Heart of Creation*. London: Continuum.

_____. 2000. *On Christian Theology*. Oxford, UK: Blackwell Publishers.

_____. 2003. *The Dwelling of the Light: Praying with Icons of Christ*. Grand Rapids: Eerdmans.

_____. 2007. *Tokens of Trust: An Introduction to Christian Belief*. Louisville: Westminster/John Knox.

Wright, N. T. 2013. *Christian Origins and the Question of God*, Vol. 4: *Paul and the Faithfulness of God*. Minneapolis: Fortress.

_____. 2007. *Surprised by Hope*. London: SPCK.

Young, Frances M., and Andrew Teal. 2010. *From Nicea to Chalcedon: A Guide to the Literature and Its Background*. Second Edition. Grand Rapids: Baker Academic.

Zizioulas, John D. 1985. *Being as Communion: Studies in Personhood and the Church*. Crestwood, N.Y.: St. Vladimir's Seminary Press.

Zizioulas, John D., and Luke Ben Tallon. 2011. *Eucharistic Communion and the World*. London: Continuum.

# Indice

\* Pour les lecteurs qui seraient confus par l'index, l'auteur recommande de relire le livre.